Toni Mörwald, Herbert Hacker, David Ruehm · Süße Fische aus Seen und Flüssen

Toni Mörwald

Herbert Hacker David Ruehm

Süße Fische

aus Seen und Flüssen

Residenz Verlag

Bibliografische Information der Deutschen Bibliothek
Die Deutsche Bibliothek verzeichnet diese Publikation in der Deutschen Nationalbibliografie; detaillierte bibliografische Daten sind im Internet über http://dnb.ddb.de abrufbar.

www.residenzverlag.at

Fotos: David Ruehm
Fischabbildungen S. 36–54: Soravia Food Market GmbH
Umschlaggestaltung: www.fuhrer.at
Grafische Gestaltung/Satz: www.fuhrer.at
Schriften: Flama und Stag
Lektorat: Else Rieger
Gesamtherstellung: Niederösterreichisches Pressehaus St. Pölten

ISBN 978-3-7017-3185-5

Inhalt

Rollmops vom Wildsaibling mit Chardonnay-Kraut
Ravioli von Flusskrebsen mit Blattspinat und Eidotter
Aal am Spieß mit Nüssen
Zander Paprikasauce und Braterdäpfel
Rezepte:
Egli-Filet im Weinteig Gurkenrahm
Hecht Pörkölt Püree
Hechtnockerl Dillsauce
Äsche Wildspargel Schalotten
Wildsaibling-Gratin Mangold
Hechtkoteletts in Morchelcreme
Äsche gedämpft in Safransauce
Seeforelle geschmolzene Paradeiser Weingartenknoblauch
Szegediner Krautfleisch vom Moorkarpfen Kümmel
Lachsforellen Spinatstrudel Graupen-Gemüse
Wildsaibling in der Salzkruste
Alpenlachs mit Aromaten in Pergament
Gulasch vom Armurkarpfen scharf
Zanderbackerl Radicchio-Risotto Kirschessig
Wickler vom Alpenlachs und Wildsaibling
Zander in der Erdäpfelkruste
Geräucherte Forelle mit Oberskren
Rahmsulz von Räucherfischen in Schwarzbrotmantel
Regenbogenforelle in der Folie Butter Petersilie Kapernsalz
Großen Wildsaibling am Grill
Maräne gedämpft Gurke Ei Artischocke
Felchen-Brandade
Krebsenmousse mit Saiblingskaviar
Stör kurz angebraten Kapern Oliven

Vorwort

Wenn Toni Mörwald sein Kochbuch „Süße Fische" nennt, dann soll das Attribut „süß" nicht als Geschmacksrichtung verstanden werden – nicht als Gegensatz zu sauer, bitter und salzig. „Süß" bezieht sich vielmehr auf eine bestimmte thematische Ausrichtung: auf das Kochen nach Rezepten mit Süßwasserfischen aus heimischen Flüssen und Seen.

Die „süße Welt" der Fische ist momentan stark im Kommen. Nachdem sie lange Zeit etwas vernachlässigt worden war, hat sie derzeit eine große Zukunft. Forellen, Saiblinge, Zander und Karpfen aus heimischer Qualitätszucht sind gefragter denn je. Und das nicht nur, weil Ernährungsmediziner unseren Speiseplan heute ganz anders sehen als früher.

Man solle statt Schweinsbraten und Schnitzel deutlich mehr Fisch essen, heißt es – zweimal pro Woche wäre ideal. Fische seien, so die Experten, reich an gesundem Eiweiß, das Fleisch sei cholesterinarm, vitaminreich und oft mit einem überproportional hohen Anteil an Omega-3-Fettsäuren ausgestattet. All das würde der Fettleibigkeit vorbeugen, das Herzinfarktrisiko deutlich senken und ganz generell einer kalorienarmen Art der Ernährung zupass kommen.

Um es mit den Worten der Mediensprache zu formulieren: „Die Welt der süßen Fische“ liegt voll im Trend. Davon sind auch jene Anbieter überzeugt, die diesen Zukunftsmarkt rechtzeitig erkannt – oder zwischenzeitlich auf nachhaltige und moderne Fischereipraxis umgestellt haben. Ob es der so genannte „Alpenlachs“ ist oder „Wildsaiblinge aus dem Mariazellerland“, die es inzwischen auch in Supermärkten zu kaufen gibt, ob es die Karpfenzüchter aus dem Waldviertel oder die Fischer der Kärntner Seen sind: Die Zunft der heimischen Fischanbieter ist spürbar im Umbruch begriffen.

Fisch als billiges Massennahrungsmittel mit diffuser Herkunft ist fragwürdiger denn je geworden. Dafür steigt die Nachfrage nach Fisch als hochwertigem Lebensmittel aus regionalen Beständen mit Anspruch auf höchste Qualität und hervorragenden Geschmack.

Das haben auch die Köche der besten Restaurants längst erkannt. Toni Mörwald ist einer davon; er hat mit diesem Buch seine besten Rezepte für Süßwasserfische zusammengestellt. Denn wir wollen den Genuss von edlen Karpfen, Forellen und Saiblingen nicht nur als Pläsier betuchter Gourmets in Luxusrestaurants verstanden wissen. Toni Mörwalds Rezepte sollen ihren Teil dazu beitragen, dass die „Welt der süßen Fische“ auch zuhause am heimischen Herd eine große Zukunft hat.

In diesem Sinne wünschen Ihnen Toni Mörwald und ich viel Freude mit dem „Süße-Fische-Kochbuch“ – und natürlich gutes Gelingen.

Herbert Hacker
Toni Mörwald

MÖRWALD

Süßwasserfisch ist gefragter denn je

Neben den traditionellen Fischereibetrieben haben sich in letzter Zeit einige neue Anbieter von Süßwasserfischen und diversen Spezialitäten besonders hervorgetan.

Landläufig kennt man von den heimischen Fischen meist nur Forelle, Karpfen und Hecht. Doch der Blick unter die Wasseroberfläche offenbart einen wesentlich größeren Artenreichtum: Österreichs Fischfauna weist über siebzig heimische Fischarten auf.

Aufgrund der vielen Gewässer spielte die Fischerei in Österreich seit jeher eine bedeutende Rolle. Fisch besaß in weiten Regionen Österreichs vor allem im Mittelalter für die Ernährung der Bevölkerung einen wesentlich höheren Stellenwert als heute. Neben den zahlreichen Seen wurde insbesondere an den großen Voralpenflüssen sowie an der Donau und ihren Nebengewässern reger Fischfang betrieben. Praktisch in jeder größeren Stadt im Nahbereich von Flüssen und Seen waren Fischmärkte zu finden.

Die längste Tradition hat in Österreich die Karpfenzucht. Sie war bereits im Mittelalter von großer Bedeutung. Viele Klöster bewirtschafteten Karpfenteiche. Erst wesentlich später – ab der Mitte des 19. Jahrhunderts – entwickelte sich die Forellenzucht. Neben der heimischen Bachforelle wird seit Beginn des 20. Jahrhunderts auch die aus Amerika importierte Regenbogenforelle gezüchtet.

Zusätzlich zu den „Klassikern“ Karpfen und Forelle sind heute bei Fischzuchtbetrieben auch Bachsaibling, Seesaibling und regionale Fischarten wie Seeforelle, Äsche, Renke und Huchen im Angebot. Neben vielen Privatkunden ist die Spitzengastronomie ein wichtiger Abnehmer geworden. Allerdings wird in Österreich Fisch noch immer zum überwiegenden Teil importiert, die heimische Produktion hat nur einen geringen Marktanteil von rund fünf Prozent. Das Potential ist deshalb umso größer, da vor allem die Nachfrage nach hochwertigem, heimischem Fisch in den letzten Jahren stark gestiegen ist. Mit jährlich durchschnittlich 8,3 kg Fischkonsum liegt der österreichische Pro-Kopf-Verbrauch noch deutlich unter dem EU-Durchschnitt von knapp 22 kg.

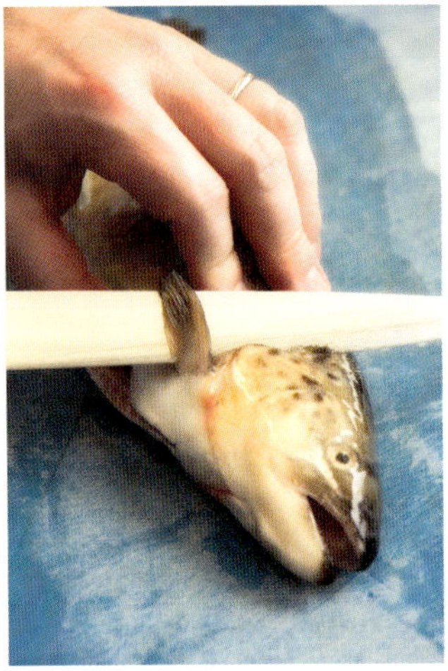

Der lange Weg des Alpenlachs

In den letzten Jahren haben sich in Österreich einige neue Anbieter mit speziellen Markennamen etabliert. Das wohl erstaunlichste Unternehmen auf diesem Gebiet ist die Soravia Food Market GmbH. Deren Gründer – der bekannte Bauunternehmer Hanno Soravia – hat sich zum Ziel gesetzt, zum größten Süßwasserfisch-Anbieter Europas zu werden. In Österreich ist er das bereits. Derzeit kontrolliert das Unternehmen mehr als 300 Hektar Seeflächen (etwa im Millstätter See und im Wörthersee) sowie mehr als 70 Kilometer Flussläufe. Einer der wichtigsten Partner dabei ist die Familie Palle, die schon seit Generationen Seen in Kärnten befischt und bewirtschaftet. Ein Großteil der Fische, die unter dem Namen „Palle" über die Ladentheke gehen, sind echter Wildfang. Das bedeutet, dass sich diese Fische ihr ganzes Leben frei bewegen konnten, während Zuchttiere vielfach auf engstem Raum aufwachsen und konzentriertes Futter bekommen. Ein Wildfang-Fisch muss sein Futter erst erbeuten – und das sieht und schmeckt man auch.

Im Jahr 2009 hat der passionierte Fliegenfischer Soravia einen besonders dicken Fisch an Land gezogen: Er kaufte den Fischzuchtbetrieb „Alpenlachs". Gegründet wurde dieses Unternehmen wie auch die gleichnamige Marke vom ehemaligen Fertigteilhaus-Unternehmer Peter Brauchl, der seit 1980 am Fuße des Schneebergs ein erstaunliches Projekt verwirklicht hat. Seine Spezialität sind Eismeersaibling und Atlantischer Lachs, die er auf einen höchstmöglichen Gehalt an Omega-3-Fettsäuren hin gezüchtet hat. Die Heimat dieser Fische liegt tausende Kilometer entfernt von Österreich. Ein in jahrelanger Kleinarbeit ausgetüfteltes Beckensystem (mit acht Grad kaltem Wasser bester Qualität) und mit Hanf- und Leinöl veredeltes Futter garantieren, dass die Fische auch hierzulande prächtig gedeihen.

Auf die Idee kam Brauchl durch gesundheitliche Probleme: Nachdem der Fertighaus-Pionier 8400 Eigenheime verkauft hatte, entging er nur knapp einem Herzinfarkt. Er beschloss, leiser zu treten und entdeckte Fisch als Elixier für seine Gesundheit. Genau genommen hat es so begonnen: Auf einer Geschäftsreise nach Vancouver Ende der 1970er Jahre traf er eher zufällig den amerikanischen Mee-

Peter Brauchl, der Erfinder der „Alpenlachse“

Fischverkostung im Wiener Gasthaus Schreiners: Herbert Hacker (1. v. l.) und das Soravia-Team
mit Peter Steurer (2. v. l.) Reinhard Fellner (4. v. l.) und Gert Edlinger (5. v. l.)

resbiologen Walter Pauler von der Seattle Pacific University. Der Wissenschafter erzählte dem Herzkranken, dass Eismeerlachse wegen ihrer langkettigen Omega-3-Fettsäuren wahre Wundermittel im Kampf gegen einen drohenden Infarkt seien. Wer regelmäßig solche Fische verspeise, so die damals noch unkonventionelle These des Professors, der könne damit sogar einem „genetisch programmierten" Herzleiden trotzen. Eine Erkenntnis, die sich inzwischen in der Wissenschaft durchgesetzt hat. „Die Wirkungsweise dieser Fettsäuren", meint etwa der Wiener Ernährungsmediziner Kurt Widhalm, „ist so effektiv, dass man schon fast von einem Medikament sprechen kann."

Doch erst nachdem sich Brauchl in einem Notverkauf von seinem florierenden Fertigteilhausunternehmen getrennt hatte, hatte er genügend Zeit und Muße, sich ganz jenen Tieren zu widmen, denen er letztlich sein Überleben verdankt.

Heute werden die delikaten Fische, die sich auch in der gehobenen Gastronomie hoher Beliebtheit erfreuen, von Soravia Food Market sogar in Apotheken verkauft. „Damit ist uns ein großer Coup gelungen", sagt Geschäftsführer Gert Edlinger, „immer mehr Apotheker verkaufen unsere Fische so selbstverständlich wie Vitaminpillen."

Wildsaibling aus Mariazell

Ungewöhnlich ist auch, wie Alexander Quester zur Fischzucht gekommen ist. Der Sohn der Rennfahrerlegende Dieter Quester hat eine eindrucksvolle Wandlung hinter sich gebracht. Ursprünglich dem Rennfieber erlegen, leitete er später die Baufirma seines Vaters. Bis er sie verkaufte und nur noch Immobilien verwaltete.

Doch seine wahre Leidenschaft gehörte schon früh den Fischen. Deshalb verwirklichte Quester zusammen mit seiner Frau den lang gehegten Traum eine eigene Fischzucht aufzubauen.

Sein „Mariazeller Bachsaibling" ist heute unter Feinschmeckern eine begehrte Delikatesse. Das liegt nicht zuletzt an der Art der Zucht. Statt für ein übliches Zuchtbecken hat sich Quester für eine Teichanlage mit Fließwasser entschieden. Auf diese Weise bleiben die Fische in Bewegung und leben so „wild" wie möglich. Keine Antibiotika,

Toni Mörwald und Alexander Quester bei einem Spaziergang in Questers Zuchtanlagen

Toni Mörwald und Alexander Quester
begutachten Fische in Questers Anlagen.

kein künstliches Futter, keine verschmutzten Becken. Glasklares, sauerstoffreiches Trinkwasser der Hochschwabregion speist die Anlage: ein idealer Lebensraum für Arktische Seesaiblinge, Bachsaiblinge und Bachforellen.

Quester verkauft seine Fische im Ganzen sowie als Filets – geräuchert oder gebeizt. Geräuchert wird ausschließlich mit Buchenholz aus den Wäldern rund um das Mariazellerland. Die Filets wiederum werden in einer Beize aus Meersalz, Rohrzucker, Ötscherhonig, Dille, Petersilie, weißem Pfeffer und einer speziellen Gewürzmischung 24 Stunden eingelegt und dann mit glasklarem Bergwasser gewaschen und zur weiteren Reife kaltgestellt. Als Zusatzprodukt hat Quester in Zusammenarbeit mit der Firma Hink eine Saiblingsmousse in verschiedenen Varianten entwickelt.

Der Kaviar-Kaiser

Neben den Brüdern Sicher in Tainach in Kärnten, die es mit ihrem Saiblingskaviar inzwischen zu Weltruhm gebracht haben, und zu deren Kunden unter anderem der aus Katalanien stammende Extremkoch Ferran Adrià – Inhaber des legendären Restaurants El Bulli – zählt, hat sich vor allem der Salzburger Walter Grüll auf hochwertigen Kaviar von Zuchtfischen spezialisiert. Er ist einer der ganz wenigen Fischzüchtern, die Kaviar produzieren. Und er hat sogar die begehrten Eier vom weißen Stör im Angebot – eine kulinarische Rarität, die weltweit nur in homöopathischen Dosen erzeugt wird.

Grüll hat vor 17 Jahren mit der Störzucht begonnen, doch erst vor sieben Jahren hat er den Tieren die ersten Eier entnehmen können. „Das waren damals noch geringste Mengen", erzählt Grüll, „man muss bedenken, dass ein Störweibchen bis zu zehn Jahre alt werden muss, bis es zum ersten Mal laicht."

Die wirkliche Innovation aber ist die Art, wie Grüll den Kaviar gewinnt. Russische und iranische Produzenten schlachten gewöhnlich die Tiere, um die Eier abzustreifen. Die Kaviar-Mafia geht nicht selten noch brutaler vor und entreißt den Stören die Eier bei lebendigem Leib. Die Fische verenden dabei qualvoll.

ALU-FIX

Walter Grüll in der Räucherkammer

Zwar schlachtet auch Grüll einige seiner Tiere („je nach Nachfrage und Menge, die bestellt wird"), um jedoch den Bestand nicht zu dezimieren, hat er zusammen mit Veterinärmedizinern eine Methode entwickelt, bei der die Eier so entnommen werden, dass die Fische weder leiden noch geschlachtet werden müssen. Zunächst wird mit Ultraschall festgestellt, ob das Störweibchen überhaupt laichfähig ist. Wenn ja, wird das Tier mit Nelkenöl betäubt. Manchmal ist ein kleiner Schnitt notwendig, der dann wieder zugenäht wird und relativ rasch verheilt. Grüll: „Inzwischen sind wir schon so weit, dass wir sogar ohne diesen Schnitt die Eier abstreifen können. Man muss nur wissen wie."

In Österreich ist Grüll noch der Einzige, der Kaviar von gezüchteten Stören anbietet. Er setzt beim schwarzen Kaviar auf den sibirischen Stör (Acipenser baeri) und beim weißen auf den Sterlet-Stör (Acipenser ruthenus). Beide Störarten können sowohl in Meer- als auch in Süßwasser leben.

Der 46-jährige begann mit der Fischzucht bereits kurz nach der Matura. Das Fischgeschäft „Al Pescatore" in Grödig, etwa 20 Kilometer südlich von Salzburg, besitzt er zusammen mit einem Partner seit 17 Jahren. Inzwischen gilt er weltweit als einer der gefragtesten Störzucht-Experten. So wurde Grüll etwa nach Minsk eingeladen, um dort Tipps für den Aufbau einer Kaviarerzeugung zu geben. Und auch in Peru in der Nähe des Titicacasees hat er am Aufbau einer Fischzucht mitgewirkt.

Grüll ist ein Fischfanatiker, der zu seinen Tieren intensiven Kontakt pflegt. Deshalb schwimmt in Grödig in einem seiner Becken zwischen den Austern ein sechs Kilo schwerer Hummer, von dem er sich um nichts in der Welt trennen mag: „Den gebe ich nicht mehr her", sagt er lächelnd, während er das monströse Krustentier zärtlich am Kopf krault, „andere haben einen Hund als Haustier. Ich hab eben einen Hummer."

Walter Grüll präsentiert eine von ihm erzeugte, weltweit begehrte Spezialität: weißen Kaviar.

Walter Grüll bei der Inspektion seiner Zuchtanlagen

Die Bachforelle
[Salmo trutta fario]

Die Stars in der Küche unter den Süßwasserfischen

Bachforelle (Salmo trutta fario)

Die Bachforelle ist eine heimische Fischart, die in ganz Österreich vorkommt. Man findet sie in kalten Gebirgsseen und in kühlen, sauerstoffreichen Bächen und Flüssen.

Die Größe hängt vom Lebensraum ab, kleinere Exemplare – die so genannten Steinforellen – werden in kühlen Gebirgsbächen zwischen 15 und 20 Zentimeter lang. In nahrungsreichen Bächen und Flüssen können Bachforellen bis zu 60 Zentimeter groß werden und manchmal über 10 kg wiegen.

Bachforellen sind von Seeforellen nicht immer leicht zu unterscheiden, charakteristisch sind die schwarzen und roten Tupfen, wobei die roten Tupfen oft weiß eingefasst sind.

Bachforellen gelten kulinarisch betrachtet als die besten Forellen und sind sehr begehrt. In natürlichen Gewässern gefangen, gelangen sie meist nur in teure Delikatessenläden und Feinschmeckerrestaurants. In den Supermärkten hingegen werden vor allem Fische aus Zuchten angeboten. Wer das Glück hat, frisch gefangene Exemplare von Hobbyfischern zu bekommen, sollte nicht lange zögern, die Qualität ist für gewöhnlich besser als die von Zuchtfischen.

Verwendung: Bachforellen sind eine Delikatesse und können geräuchert, gebraten, gedünstet, pochiert oder gegrillt werden.

Seeforelle (Salmo trutta lacustris)

Seeforellen sind nicht immer leicht zu erkennen. Vor allem Exemplare aus Zuchten sind schwer zuzuordnen, da sie oft Ergebnis einer Kreuzung von Bach- und Seeforellen sind. Wild lebende Tiere werden im Durchschnitt 40 bis 80 Zentimeter groß und kommen in kühlen Seen wie etwa Traunsee, Attersee, Grundlsee, Millstätter- und Weißensee vor.

Im 18. und 19. Jahrhundert wurden in Kärnten Seeforellen mit Atlantischen Lachsen gekreuzt, wodurch sich in dieser Zeit etwa im Millstättersee besonders große Fische (bis 30 kg) entwickelt haben.

Verwendung: Seeforellen können geräuchert, gebraten, gedünstet, pochiert und gegrillt werden.

Regenbogenforelle (Oncorhynchus mykiss)

Die Regebogenforelle stammt aus Nordamerika und gelangte um 1880 nach Europa. Da sie im Vergleich zur Bachforelle hinsichtlich Wassertemperatur und anderen Umweltbedingungen wesentlich toleranter ist, kann sie auch in Stauseen, Baggerseen und Teichen leben, sie eignet sich aber auch bestens als Zuchtfisch. Deshalb ist sie leider auch zu einem Massenfisch geworden.

Die Durchschnittsgröße einer Regenbogenforelle liegt bei 25 bis 35 Zentimetern, Wildfische können jedoch mitunter bis zu 80 Zentimeter lang werden.

Eines der charakteristischen Merkmale ist das intensiv rot gefärbte Längsband vom Kiemendeckel bis zur Schwanzflosse. Ebenfalls charakteristisch sind die vielen schwarzen Tupfen, die über den ganzen Körper verteilt sein können.

Regenbogenforellen sind ein beliebter Speisefisch und werden oft auch als „Lachsforellen" bezeichnet, da ihr Fleisch lachsrosa ist. Im Handel erhältliche Lachsforellen sind in der Regel große, gezüchtete Regenbogenforellen. Die Rotfärbung des Fleisches entsteht durch die Nahrungszusammensetzung, das Futter wird oft mit Karotin angereichert.

Verwendung: Regenbogenforellen eignen sich besonders gut zum Pochieren, Braten und Grillen. Kleinere Exemplare können auch im Ganzen im Ofen gegart werden.

Bachsaibling (Salvelinus fontinalis)

Der Bachsaibling stammt wie die Regenbogenforelle aus Nordamerika und gelangte zeitgleich mit ihr um 1880 nach Europa. Bachsaiblinge kommen in ganz Österreich in allen Forellenregionen vor. „Wildfangsaiblinge" werden am größten (65–70 cm) und ernähren sich hauptsächlich von Fischen. „Normale" Saiblinge erreichen hingegen meist nur eine Größe von 25 bis 40 Zentimeter und fressen Plankton und Bodentiere. Die kleinsten Exemplare mit etwa 15 bis 20 Zentimeter Größe kommen in Hochgebirgsseen vor.

In der Natur kommt es gelegentlich zu Kreuzungen mit Bachforellen, die Fische werden dann wegen ihrer typischen Marmorierung als „Tigerfische" bezeichnet. Der Bachsaibling wurde früher auch häufig mit dem Seesaibling gekreuzt. Daraus entstand der so genannte „Elsässer Saibling".

Verwendung: Ähnlich wie die Forelle eignet sich der Bachsaibling zum Braten, Pochieren und Grillen. Das Aroma ist meist feiner als bei Regenbogenforellen und sollte nicht durch zu starkes Würzen überdeckt werden.

Seesaibling (Salvelinus umbla)

Der Seesaibling ist ein Relikt aus der letzten Eiszeit und gelangte vor etwa 10 000 Jahren nach Österreich. Im Vergleich zum Bachsaibling ist der Seesaibling etwas blauer, manchmal auch grün und grau gefärbt. Die roten, bisweilen auch orangefarbenen Punkte sind im Gegensatz zum Bachsaibling nicht blau eingefasst. Der Seesaibling liebt tiefe und kalte Seen in den Voralpen oder Alpen bis zu extremen Höhenlagen.

Große Wildfangsaiblinge können über fünf Kilogramm wiegen. Die häufigste Form – der so genannte „Normalsaibling" – wird im Durchschnitt 25 bis 35 Zentimeter groß. Im Attersee und Traunsee leben auch so genannte „Tiefensaiblinge", wobei die Tiere im Traunsee größer sind als jene des Attersees.

Verwendung: Der Seesaibling ist eine Delikatesse, das Fleisch ist rötlich und besonders zart. Die Qualität hängt allerdings von der Nahrung ab: Fische, die sich in freier Natur von Planktonkrebsen ernähren, schmecken besser als Zuchtsaiblinge, deren Futter mit Karotin oder synthetischen Farbpigmenten angereichert wurde. Seesaiblinge eignen sich vor allem zum Pochieren, Braten und Grillen.

Huchen (Hucho hucho)

Der Huchen – auch Donaulachs genannt – ist der größte Vertreter der Salmoniden. Er lebt in sauerstoffreichen und kühlen Fließgewässern. Im Durchschnitt werden Huchen 70 bis 100 Zentimeter groß und können bis zu 35 Kilo wiegen. In der Donau wurden jedoch auch schon großwüchsige Exemplare mit fast 60 Kilo gefangen.

Durch den Verlust natürlicher Lebensräume sind die Huchenbestände im Laufe der Zeit stark zurückgegangen. Engagierten Fischereiverbänden ist es zu verdanken, dass in vielen ehemaligen Huchengewässern erfolgreiche Wiedereinbürgerungsversuche unternommen wurden.

Verwendung: In der Spitzengastronomie genießt der Huchen seit einiger Zeit hohes Ansehen. Viele Köche schwören auf diesen Fisch. Der feine Geschmack des eher dunklen Fleisches kommt am besten beim Dünsten, Pochieren oder sanften Braten in Butter zur Geltung. Huchen sollte man sehr vorsichtig würzen.

Äsche (Thymallus thymallus)

Die Äsche, eine heimische Fischart, gehört zur Familie der Thymallidae und ist ein langgestreckter Fisch mit fest sitzenden Schuppen. Äschen werden im Durchschnitt 35 bis 45 Zentimeter groß und leben in sauerstoffreichen, kühlen Fließgewässern, aber auch in Seen.

Vor mehr als 40 Jahren war die Äsche noch in großer Zahl vorhanden, so dass sie in manchen Seen sogar zur kommerziellen Nutzung mit Netzen gefangen wurde. Inzwischen zählt die Äsche vor allem durch den Verlust der

natürlichen Lebensräume zu den gefährdeten Fischarten, die Bestände sind stark zurückgegangen.

Verwendung: Äschen sind hochwertige Speisefische und gelten als rare Delikatesse. Rohes Äschenfleisch hat einen thymianartigen Geruch; es entfaltet sein feines Aroma am besten gedämpft oder pochiert.

Alpenlachs oder Kavalierlachs (Salvelinus alpinus)

Der Alpenlachs geht auf ein Projekt des Unternehmers Peter Brauchl zurück, dem es gelungen ist, Eismeersaiblinge (Salvelinus lepeschini) und Atlantische Lachse (Salmo salar) aus den eisigen Fluten des Nordmeeres in österreichischen Zuchtanlagen einzubürgern. 2009 verkaufte Brauchl die Marke „Alpenlachs" an die Soravia Food Market GmbH, die diese Fische heute mit großem Erfolg vermarktet. Alpenlachse sind nicht nur in Supermärkten erhältlich, sondern mittlerweile sogar in Apotheken. Der Grund dafür: Ihr Fleisch besitzt einen extrem hohen Anteil an Omega-3-Fettsäuren und wird deshalb als „Medizin" gehandelt.

Verwendung: Das Fleisch des Alpenlachs ist besonders zart und aromatisch und steht bei Spitzenköchen und Feinschmeckern hoch im Kurs. Die Fische eignen sich sehr gut zum Pochieren und Dämpfen, aber auch zum Braten und Grillen.

Mariazeller Wildsaibling

Der Mariazeller Wildsaibling ist ähnlich wie der Alpenlachs ein Markenname, unter dem Seesaiblinge, Bachsaiblinge und Bachforellen vermarktet werden. Gründer dieser Marke ist der Rennfahrersohn Alexander Quester.

Aufgrund seiner Fleischkonsistenz und seinem hervorragenden Geschmack ist der Mariazeller Wildsaibling unter Top-Köchen und Gourmets äußerst beliebt. Und ähnlich wie der Alpenlachs weist auch der Mariazeller Wildsaibling einen hohen Gehalt an Omega-3-Fettsäuren auf.

Verwendung: Die Fische werden roh, gebeizt und geräuchert angeboten; roh eignen sie sich zum Dünsten, Pochieren, Braten und Grillen.

Renken, Maränen, Reinanken, Felchen (Coregonus)

In die Gattung der so genannten Coregonen fallen verschiedene Fischarten, die nicht leicht abzugrenzen sind. Überdies machen es viele verschiedene regionale Namen noch zusätzlich schwer.

Als Speisefisch sehr begehrt ist etwa die Attersee-Reinanke, während am Bodensee verschiedene Arten von Felchen vorkommen.

Renken sind ein Relikt der letzten Eiszeit. Die Größe hängt von den jeweiligen Gewässern ab. So werden etwa Reinanken in den Salzkammergutseen zwischen 30 und 35 Zentimeter groß, während Maränen (Bodenrenken) etwas größer sind.

Verwendung: Coregonen sind wohlschmeckende Speisefische, die meist gebraten und geräuchert, eher selten gekocht oder gedünstet werden.

Hecht (Esox lucius)

Der Hecht ist bekannt als Schrecken aller Karpfen: ein länglicher Raubfisch mit einem entenschnabelförmigen, mit Fang- und Bürstenzähnen besetzten Maul.

Hechte leben vorzugsweise in stehenden oder langsam fließenden Gewässern und werden durchschnittlich zwischen 40 und 80 Zentimeter groß.

Verwendung: Hechte sind grätenreich, weshalb sie eher selten im Ganzen serviert werden. Zum Dünsten, Kochen und Pochieren eignen sich nur junge Hechte, ältere Exemplare (über 2,5 kg) werden meist zu Füllungen und Farcen verarbeitet. In der traditionellen österreichischen Küche ist dieser Fisch vor allem in Form von Hechtnockerln bis heute beliebt.

Zander (Sander lucioperca)

In den Salzburger Archiven findet sich eine Nachricht, die besagt, dass 1770 südböhmische Karpfenhändler den Zander unter dem Namen „Meerbarsch" nach Salzburg brachten.

Der Zander (auch Schill und Fogosch genannt) gehört zur Familie der barschartigen Fische und ist vor allem in stehenden Gewässern wie dem Neusiedlersee oder dem ungarischen Plattensee zu finden. Im Unterschied zum Hecht bevorzugt er Gewässer mit geringer Sichttiefe und trübem Wasser. Im Durchschnitt werden Zander zwischen 40 und 60 Zentimeter groß, manche Exemplare können auch deutlich größer werden.

Durch sein zartes Fleisch, das wenig Fett enthält, spielt er als Speisefisch in der österreichischen Küche schon seit

JENZI

langem eine bedeutende Rolle. Im Lebensmittelhandel finden sich zumeist Produkte aus ausländischen Zuchtfarmen, wilder Zander ist leider rar und im Preis stark gestiegen.

Verwendung: Zander eignen sich gut zum Grillen und Braten; auch in Salzkruste gegart schmecken sie vorzüglich.

Flussbarsch (Perca fluviatilis)

Der Flussbarsch wird in der Schweiz (zum Teil auch in Österreich) „Egli" genannt; am Bodensee ist er unter der Bezeichnung „Kretzer" bekannt. Als Süßwasserfisch kommt er in ganz Mitteleuropa vor und wird als Speisefisch besonders geschätzt. Die Körperfärbung dominieren Grau-, Grün- und Gelbtöne, die Durchschnittsgröße schwankt zwischen 10 und 20 Zentimeter.

Verwendung: Flussbarsch eignet sich hervorragend zum Braten und Grillen, aber auch zum Pochieren.

Wels, Waller (Silurus glanis)

Welse sind leicht an ihren charakteristischen, langen Bartfäden zu erkennen. In Österreich ist der Wels auch als Waller bekannt, er ist der größte Süßwasserfisch Europas. Ein Wels kann bis zu drei Meter lang und 150 Kilo schwer werden, Jungtiere sind im Durchschnitt zwischen 60 und 80 Zentimeter groß.

Zu den etwa 2000 verschiedenen Welsarten gehört auch der „Pangasius", der in südostasiatischen Ländern in großen Mengen gezüchtet und nach Europa exportiert wird. Pangasius ist zwar preislich günstig, die Zuchtanlagen sind ökologisch aber heftig umstritten.

Verwendung: Welsfleisch ist fettreich, die Fische sind fast vollständig grätenfrei. Die Tiere eignen sich für Zubereitungsarten wie Braten oder Grillen; aber auch pochiert kann ein Waller ein ganz besonderer Leckerbissen sein.

Karpfen (Cyprinus carpio)

In der Familie der „Cypriniden“ zählt der Karpfen zu den großwüchsigen Vertretern, er kann ein Maximalgewicht von rund 30 kg und eine Länge von über 100 Zentimetern erreichen. Im Durchschnitt werden Karpfen 35 bis 50 Zentimeter groß.

Der Karpfen war ursprünglich in Asien beheimatet. Fossilienfunde südlich von Berlin belegen, dass es ihn vor mehr als zwei Millionen Jahren nach Europa verschlagen hat. Danach drängten ihn die Eiszeiten wieder zurück nach Südosten. Viel später arbeitete er sich abermals vom Kaspischen und Schwarzen Meer die Donau hinauf – sehr zur Freude der Griechen und Römer: „Der Privatmann mag essen, was ihm die Gelegenheit bietet, auf fürstliche Tafeln gehören seltene Delikatessen wie etwa der in der Donau lebende Fisch Carp“, schrieb der römische Gelehrte Flavius Magnus Aurelius im 6. Jahrhundert.

Im Mittelalter züchteten Mönche Karpfen in Teichanlagen. So eroberte der Fisch sich einen festen Platz auf der traditionellen Weihnachtstafel, dem Silvestertisch und auch beim Karfreitagsmahl.

Heute ist der Karpfen der wichtigste Zuchtfisch. In Österreich stammen 95 Prozent der angebotenen Ware aus den Bundesländern Niederösterreich und Steiermark.

Zwischenzeitlich ist das populäre Flossentier wegen seiner Deftigkeit etwas aus der Mode gekommen. Erst in letzter Zeit haben sich wieder einige namhafte Köche des etwas zu Unrecht in Vergessenheit geratenen Süßwasserfischs angenommen. Viele alte Rezepturen wurden wiederentdeckt, die sich nun unter Feinschmeckern aufs Neue großer Beliebtheit erfreuen.

Aktuellen Studien zufolge ist Karpfen ein ausgesprochen gesunder Fisch. Seinen Fettsäuren (unter anderem

Omega 3 und Omega 6) wird eine schützende Wirkung auf das Herz-Kreislauf-System nachgesagt.

Verwendung: Karpfen eignet sich zum Pochieren (Karpfen blau), zum Dünsten, Braten, Frittieren, aber auch zum Räuchern.

Schuppenkarpfen (Cyprinus carpio)

Der Schuppenkarpfen ist die Stammform der Karpfen. Die Haut dieses Fisches ist mit vielen Schuppen bedeckt, weshalb er in der Küche nicht von allen heiß geliebt wird.

Wildkarpfen (Cyprinus carpio morpha hungaricus)

Wildkarpfen sind deutlich schlanker als Schuppenkarpfen und kommen in Donau, March und den Donauzubringern vor. In Hohenau an der March werden Wildkarpfen auch gezüchtet (Fischzucht Machacek). Wildkarpfen sind im Unterschied zu Hybridkarpfen viel aktiver und ihre Nahrung ist abwechslungsreicher. Dadurch sind sie weniger fett, das leicht knackige Fleisch hat einen zarten und charakteristischen Wildkarpfengeschmack.

Spiegelkarpfen (Cyprinus carpio)

Der Spiegelkarpfen ist eine spezielle Zuchtform des Karpfens und besitzt nur wenige, unregelmäßig verteilte Schuppen. Damit ist er der eigentliche „Weihnachtskarpfen", der traditionell zu Weihnachten und Silvester serviert wird. Beliebte Zubereitungsarten sind „gebackener Karpfen" und „Karpfen blau".

Graskarpfen, Weißer Amur, Amurkarpfen (Ctenopharyngodon idella)

Der Graskarpfen (oder Amurkarpfen) stammt aus chinesischen Flüssen wie dem Jangtse und dem Unterlauf des Amur. Erst Mitte der 1960er Jahre gelangte er nach Österreich und gilt seither als begehrter Speisefisch. Er hat grätenreiches, aber sehr wohlschmeckendes Fleisch, das sich besonders gut für Farcen eignet.

Silberkarpfen (Hypophthalmichthys molitrix)

Der Silberkarpfen stammt aus China und wird in Österreich oft gemeinsam mit dem Amurkarpfen in Teichen gehalten. Er hat sehr kleine Schuppen, einen dunklen Rücken und wird meist frittiert.

Marmorkarpfen (Hypophthalmichthys nobilis)

Der Marmorkarpfen stammt aus Mittel- und Südchina und ist dem Silberkarpfen nicht unähnlich. Auch er hat kleine Schuppen, die Filets eignen sich gut zum Braten.

Schwarzer Amur (Mylopharyngodon piceus)

Der schwarze Amur ist wegen seiner dunkelgrauen bis schwarzen Färbung leicht von anderen Karpfenarten zu unterscheiden (mit Ausnahme der dunkleren Exemplare des weißen Amur). Er stammt ebenfalls aus China, sein Fleisch eignet sich gut zum Braten und Dünsten.

Schleie (Tinca tinca)

Schleien bevorzugen sommerwarme und stehende oder langsam fließende Gewässer. Schleien werden bis zu 60, meist aber nur 30 Zentimeter lang.

Schleien zählen zu den besten Karpfenfischen, eines der beliebtesten Gerichte ist „Schleie blau". Die Fische sollten vor der Zubereitung einen halben Tag liegen, da das Rückenmark und die Muskulatur nach dem Schlachten noch für einige Stunden funktionstüchtig bleiben.

Brachse (Abramis brama)

Brachsen kommen in kühlen und tiefen Voralpenseen, aber auch in seichten, kleinen Moorseen und Teichen vor. Sie werden durchschnittlich 30 bis 50 Zentimeter groß. Kenner schätzen das Fleisch, obwohl die Fische reich an Gräten sind.

Verwendung: Brachsen eignen sich zum Braten und Räuchern, die Filets können auch faschiert und zu Fischlaibchen verarbeitet werden.

Aalrutte (Lota lota)

Die Aalrutte ist der einzige Dorschvertreter im Süßwasser. Die Tiere leben in kühlen Fließgewässern, aber auch in großen Voralpenseen. Dort dringen sie mitunter in Tiefen von über 100 Meter vor. Rutten werden vor allem zur Laichzeit im Winter gefangen.

Verwendung: Ihr festes Fleisch ist ausgesprochen schmackhaft und dem Seeteufel aus dem Meer nicht unähnlich.

Flussaal (Anguilla anguilla)

Charakteristisch für den Aal ist der schlangenförmige Körperbau. Der Flussaal ist in allen europäischen Süßwassergebieten verbreitet. Aale sind Wanderfische, nach vier bis zehn Jahren in Flüssen und Seen beginnen sie als „Blankaal“ mit der Abwanderung zum Laichen ins Meer. Die Laichplätze liegen im Westatlantik, der Sargassosee. Mit dem Golfstrom treiben die fast durchsichtigen Larven nach Osten und erreichen als „Glasaale“ die europäischen Küsten und in weiterer Folge die Flüsse.

Die Gründe, weshalb der Aal zu den stark bedrohten Fischarten zählt, sind einerseits Überfischung und anderseits unüberwindlich gewordene Hindernisse bei der

Wanderung. So werden Blankaale oft auf ihrem langen Weg in Turbinen von Wasserkraftwerken regelrecht zerstückelt. Binnenaale wie etwa der Neusiedlersee-Aal sind durch ihre Zanderfeindlichkeit ebenfalls so gut wie völlig verschwunden.

Verwendung: Der Aal ist eine absolute Delikatesse, seine Beliebtheit ist allerdings in letzter Zeit deutlich zurückgegangen. Dabei ist ein marinierter oder gebratener Aal eine besondere Köstlichkeit. Fingerdicke Exemplare eignen sich zum Kochen, Schmoren und Braten, größere Aale werden vorzugsweise geräuchert. Achtung: Da Aalblut Giftstoffe enthält, ist es besser, Sie überlassen das Schlachten und Zurechtputzen ihrem Fischlieferanten.

Störartige Fische (Acipenseriformes)

Störe gehören zu den faszinierendsten Fischen überhaupt. Sie sind älter als der Mensch und haben im Laufe der Evolution alle Unannehmlichkeiten überlebt – bis der Mensch begonnen hat, sie gnadenlos zu überfischen. Denn Störe liefern eine begehrte und teure Delikatesse: Kaviar.

Störe leben sowohl in Salz- als auch in Süßwasser. Es ist kaum vorstellbar, dass die größte Störart, der Hausen, von dem der unter Gourmets so geschätzte „Beluga-Kaviar" stammt, in früheren Zeiten auch in der Donau lebte. Die

Tiere wurden als größte Süßwasserfische der Welt bis zu neun Meter lang.

Es gibt über 25 verschiedene Störarten, die bekanntesten sind der „Osietra" (auch Waxdick, Acipenser gueldenstaedti), ebenfalls ein hochwertiger und bekannter Kaviarlieferant, der „Sibirische Stör" (Acipenser baeri) und der „Sterlet" (Acipenser ruthenus).

Da wilde Störe in Österreich praktisch ausgestorben sind, können die genannten Arten nur als Zuchtfische erworben werden.

Verwendung: Nicht nur Kaviar, sondern auch Störfleisch ist ausgesprochen delikat. Durch den hohen Fettgehalt ist der Eigengeschmack besonders charakteristisch und fein (Fett ist bekanntlich ein Geschmacksträger). Ein gebratener Osietra-Stör etwa hat einen wunderbaren, nussartigen Geschmackston. Durch die Knochenplatten ist das Filetieren eines Störs allerdings sehr schwierig und die Ausbeute meist gering.

Süßwasserkrebse

In Österreich sind vier heimische Krebsarten bekannt sowie eine aus Nordamerika eingeschleppte Art (Signalkrebs) und zwei Arten der Familie der „Cambaridae".

Heimische Flusskrebse waren in Zeiten der Monarchie massenweise zu finden, weshalb sie einige Zeit sogar eine Art „Volksnahrungsmittel" wurden. Vor etwas mehr als 100 Jahren machte die so genannte „Krebspest" diesem Zustand ein jähes Ende. Die Pilzkrankheit wurde von nordamerikanischen Krebsen eingeschleppt, die ihrerseits nicht daran erkrankten.

Heute sind Flusskrebse vor allem in der gehobenen Gastronomie wieder sehr gefragt, das Angebot jedoch nicht sonderlich groß. Einigen Züchtern ist es zu verdanken, dass die Versorgung inzwischen wieder etwas besser geworden ist.

In Fuschlsee, Zellersee, Weißensee und in der Donau findet sich überdies der aus den USA stammende Kamberkrebs (Orconectes limosus).

Die Grundlagen der Fischküche

Wichtig beim Fischkauf

Fisch ist ein heikles Lebensmittel und sollte immer so frisch wie möglich erworben werden. Denn alten Fisch zu servieren ist nicht nur eine geschmacklich unbefriedigende Angelegenheit, es kann auch gefährlich sein. Lagert Fisch zu lange, dann bilden sich schneller als bei anderen Lebensmitteln giftige Stoffe.

Daher ist es wichtig, dass Sie beim Einkauf nicht nur allerbeste Ware wählen, sondern ganz besonders auf die Frische achten. Sollten Sie das Glück haben, lebende Süßwasserfische zu bekommen, die vor Ihren Augen geschlachtet werden, dann ist das wohl das Maximum an Frische.

Doch Achtung: In solchen Fällen empfiehlt es sich, den geschlachteten Tieren je nach Größe und Art einige Stunden der Entspannung zu gönnen. Denn Fisch macht nach der Schlachtung eine Totenstarre durch, bei der Milchsäure entsteht. In dieser Zeit ist das Fleisch hart und der Körper schwer beweglich. Wie lange diese Starre anhält, ist je nach Art verschieden; der Händler sollte Ihnen diesbezüglich Auskunft geben können.

Werden die Tiere nicht vor Ihren Augen geschlachtet, ist es umso wichtiger, die zur Auswahl stehenden Exemplare genau unter die Lupe zu nehmen. Doch wann ist ein Fisch wirklich frisch?

Die wichtigsten Tipps in Sachen Frische bei Fischen

Der Geruch

Frische Fische sind beinahe geruchlos. Besonders gut lässt sich der Geruch eines Fisches hinter dem abgespreizten Kiemendeckel wahrnehmen. Auf keinen Fall darf ein Fisch tranig, säuerlich oder faul riechen.

Schwieriger wird es bei Filets. Aber auch dafür haben Profiköche eine Testmethode. Sie streichen mit einer Messerklinge über das Filet: Je weniger hängen bleibt, desto frischer ist das Fischstück. Und auf jeden Fall gilt: Hände weg, wenn das Filet riecht.

Doch Achtung, machen Sie den Geruchstest nicht, wenn die Fische oder die Filets eiskalt sind oder aus dem Eis kommen. Durch die Kälte riecht man nichts.

Die Augen

Klare Augen sind ein sichtbares Merkmal für Frische. Sind die Augen verschleiert und trüb, handelt es sich um bereits zu lange gelagerten Fisch.

Die Kiemen

Das Aussehen der Kiemen ist ein besonders wichtiges Frischemerkmal. Kiemen sollten leuchtend rot und die einzelnen Blättchen klar und deutlich zu erkennen sein. Sind die Kiemen grau, braun, verklebt und verschleimt, ist der Fisch alt.

Das Fleisch

Fischfleisch muss elastisch und fest sein. Um das festzustellen, eignet sich am besten die Fingerdruckprobe: Bleibt im Fisch nach dem Eindrücken eine sichtbare Delle zurück, so ist das kein gutes Zeichen.

Die Haut

Fischhaut sollte einen natürlichen Glanz haben und nicht schmierig wirken. Druckstellen, graue Flecken und jegliche Beschädigungen bedeuten ebenfalls nichts Gutes.

Die richtige Lagerung von Fischen

Nach dem Kauf sollte Fisch sofort in den Kühlschrank. Allerdings hält er sich dort – am besten auf Eis mit einer Folie bedeckt – nicht länger als maximal 48 Stunden. Doch schon nach dem ersten Tag verliert er an Geschmack und Qualität.

Wollen Sie einen Fisch länger aufbewahren, muss er eingefroren werden. Davor sollte er ausgenommen werden und die Totenstarre hinter sich gebracht haben. Frischer Fisch schmeckt jedoch deutlich besser als gefrorener.

Für das Auftauen eines Fisches sollten Sie genug Zeit einplanen. Je langsamer, desto besser – so bleibt das Fleisch saftiger.

Frische Fische küchenfertig vorbereiten

Was tun, wenn Sie einen fangfrischen Fisch zuhause haben? Wie bereiten Sie ihn am besten vor?

Schuppen

Ganze Fische müssen – je nach Art – vor der Zubereitung geschuppt werden. Idealerweise sollte man diesen Arbeitsschritt vor dem Ausnehmen erledigen, dann ist es einfacher. Es gibt eigene Fischschupper, man kann aber auch den Rücken eines Küchenmessers verwenden.

Tipp: Schuppen unter fließendem Wasser verhindert, dass die durchsichtigen Schuppen-Blättchen sich in der Küche verteilen.

Ausnehmen

Um Fische auszunehmen, schneidet man die Bauchhöhle mit einem scharfen Messer von der Afteröffnung zum Kopf hin vorsichtig auf. Das letzte Stück vor dem Kopf wird mit der Küchenschere aufgeschnitten.

Dann die Bauchseiten auseinanderziehen, sodass der Zugang zu den Innereien frei wird. Die Eingeweide werden am besten mit einer Schere herausgeschnitten. Doch Vorsicht: Die an der Leber hängende Galle darf nicht verletzt werden, die austretende Flüssigkeit würde den Fisch ungenießbar machen.

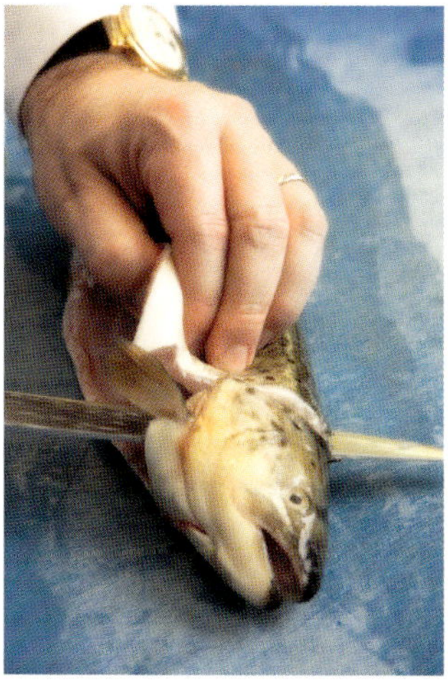

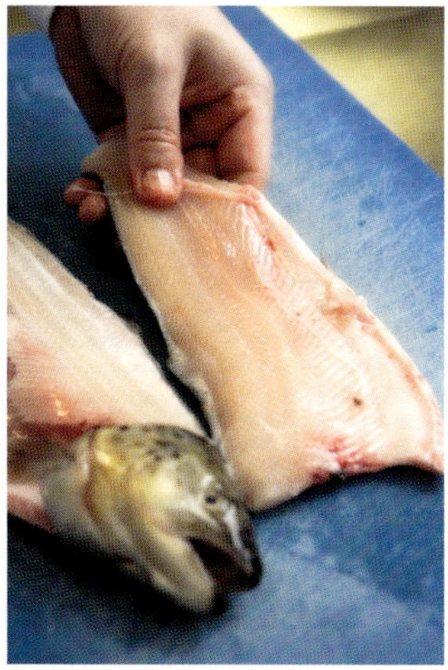

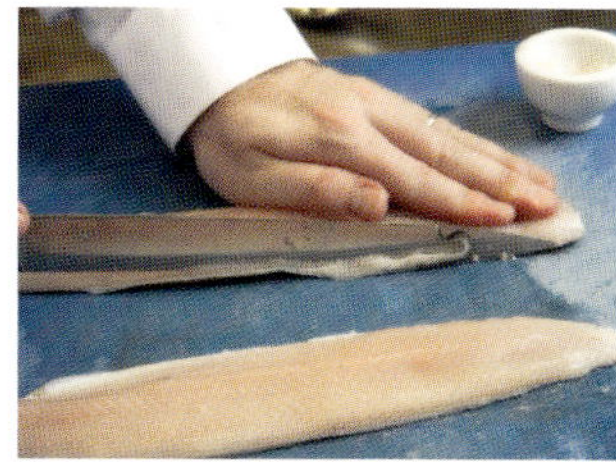

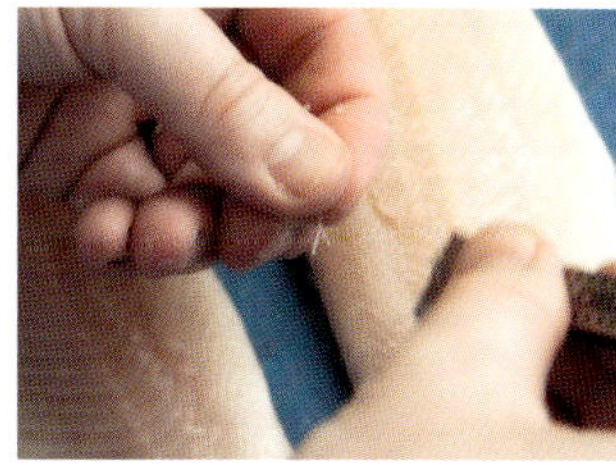

Nach dem Ausnehmen sollten Sie die Bauchhöhle mit kaltem Wasser gründlich abspülen.

Filetieren

Rundfische zu filetieren ist gar nicht so schwer. Orientieren Sie sich an folgenden Schritten:

1) Zuerst die Flossen am Rücken, am Bauch und an der Seite abschneiden.
2) Den Fisch mit dem Rücken zu sich legen und mit der flachen Hand festhalten. Den Rücken mit dem Messer direkt neben der Rückenflosse längs einschneiden.
3) Danach mit dem Messer hinter dem Kopf einschneiden, die Klinge drehen und das Messer parallel zur Mittelgräte kraftvoll durch den ganzen Fisch ziehen.
4) Den Kopf abtrennen. Das Messer unterhalb der Mittelgräte ansetzen und das zweite Filet abschneiden. Danach die frei gelegte Mittelgräte mitsamt der Schwanzflosse entfernen.
5) Die Filets säubern und zurechtschneiden.
6) Verbliebene Gräten mit einer Fischpinzette entfernen.

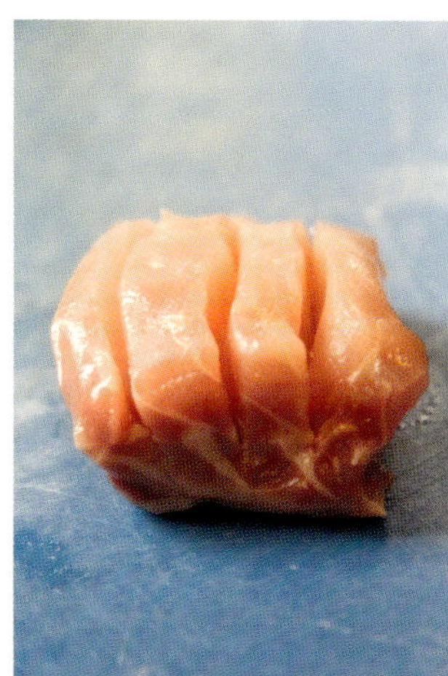

Schröpfen

Schröpfen ist eine Methode, um bei manchen Fischarten (etwa Karpfen) das Grätenproblem zu lösen. Dabei wird der ganze Fisch in fingerdicken Abständen von der Haut bis zur Gräte eingeschnitten. Das gilt natürlich auch für hautlose Filetstücke (siehe Abbildung).

Die Grundzubereitungsarten

Grundsätzlich gilt: Fische sollten schonender und kürzer gegart werden als etwa Fleisch. Je behutsamer der Garungsvorgang, desto mehr kommt der Eigengeschmack der Fische zur Geltung.

Pochieren

Unter Pochieren versteht man langsames Garziehen in viel Flüssigkeit bei Temperaturen unterhalb des Siedepunktes. Pochieren ist besonders für ganze Fische mit Haut geeignet und stellt die gesündeste und schmackhafteste Form des Garens dar.

Als ideale Flüssigkeit eignet sich dafür eine „Court Boullion". So nennen die Franzosen diesen Sud, der leicht selbst herzustellen ist.

Man nimmt dafür Wasser, Essig oder Weißwein, Kräuter (z. B. Thymian, Petersilie und Lorbeerblätter), einige Wacholderbeeren, zerdrückte Pfefferkörner und Salz – wahlweise auch klein geschnittenes Gemüse wie Karotten, Zwiebel, Lauch oder Fenchel – und kocht das Ganze einige Minuten auf.

Anschließend lässt man den Fisch eine seiner Größe entsprechende Zeit lang in einem ovalen Fischtopf gar ziehen (im Durchschnitt etwa 10 Minuten).

Blaukochen

Hinter diesem Begriff verbirgt sich eine traditionelle Garmethode, die im Grunde genommen nicht viel Anderes ist als Pochieren. Nur ist in diesem Fall ein säurehaltiger Zusatz – Essig oder Weißwein – notwendig. Durch die Säure verfärbt sich der Fisch in leuchtendes Blau. Allerdings sollte man vorsichtig dosieren, denn zu viel Essig kann das Aroma des zarten Fischfleisches beeinflussen.

Unbedingt beachten: Blau kochen eignet sich für Fische mit einer dicken Schleimschicht, z. B. Forelle, Renke, Karpfen, Schleie, Wels und Saibling. Diese Schleimschicht darf bei der Vorbereitung durch Waschen mit Wasser nicht zerstört werden.

Klassisch wird blau gekochter Fisch lediglich mit heißer Butter serviert. Man kann aber auch Sauce Hollandaise dazu reichen oder mit etwas Zitronensaft abgeschmeckte heiße Butter.

Dämpfen

Beim Dämpfen kommt der Fisch mit der Garflüssigkeit nicht in Berührung. In China hat diese Garmethode eine lange Tradition; in der chinesischen Küche werden Bambuskörbe übereinander gestapelt und damit mehrere Fische gleichzeitig gedämpft.

Meist verwendet man zum Dämpfen einen ovalen Fischtopf mit Siebeinsatz. Als Flüssigkeit eignet sich am besten Fischfond. Dämpfen ist vor allem für Fische unter einem Kilogramm Gewicht ideal, aber auch für Filets ohne Haut.

Dünsten

Dünsten ist Garen im eigenen Saft unter Zugabe einer Flüssigkeit wie etwa Fischfond oder Weißwein. Am besten legt man den Fisch auf ein Gemüsebett aus klein geschnittenem Wurzelgemüse, gießt mit Weißwein oder Fischfond auf und lässt das Ganze zugedeckt bei mittlerer Hitze im Rohr garen.

Schmoren

Manche Fische, wie etwa Aal, Karpfen oder Hecht, lassen sich wunderbar schmoren. Im Ganzen oder in Stücke geschnitten können sie in einem großen Schmortopf zusammen mit Gemüse, mit Fischfond und Wein bedeckt, bei nicht allzu großer Hitze gegart werden.

Braten in der Pfanne

Beim Braten in der Pfanne (am besten mit Anti-Haft-Beschichtung) ist es besonders wichtig, kurz und auf den Punkt zu garen. Ob ganzer Fisch oder Filets – wichtig ist, dass nicht zu lange gebraten wird, da sonst das Fleisch austrocknet. Besonders zarte Filets sollten zunächst auf der Hautseite angebraten werden (eventuell vorher mit Mehl bestauben) – die zweite Seite kann dann ohne Hitze vorsichtig und nur ganz kurz in der noch heißen Pfanne fertig gegart werden.

Garen in Salzkruste

Eine Art des Garens, die vor allem bei Meeresfischen beliebt ist. Aber auch Süßwasserfische lassen sich auf diese Weise schonend garen und die Methode ist sehr einfach: Man legt den ganzen und vorgewürzten Fisch auf ein Backblech und deckt ihn mit einer Masse aus Meersalz und Eischnee luftdicht zu. Anschließend wird er im Backrohr bei 180 Grad 20 bis 30 Minuten gebacken. Danach wird das Salz entfernt (bröckelt leicht ab).

Garen in Folie oder Pergamentpapier

Als Alternative zur Salzkruste können Fische auch in Alufolie (oder Pergamentpapier) im Rohr gegart werden. Man gibt etwas Fett (Butter oder Olivenöl), einige Kräuter und nach Wunsch auch Zitronenscheiben dazu, verschließt die Folie und lässt den Fisch im Rohr ziehen.

Grillen

Die älteste aller Garmethoden. Ob über Holzkohle oder am Elektrogrill, durch die starke Hitze gerinnt das Eiweiß und bildet einen Schutzmantel, unter dem Saft, Aroma und Nährstoffe eingeschlossen bleiben. Kleinere Fische sollten näher an der Glut gegrillt werden als große, deren Haut man auch einschneiden kann, damit die dicken Stellen leichter durchgaren.

Vor dem Grillen sollten die Fische mit einer Mischung aus Öl, Kräutern und Zitrone mariniert werden. Während des Grillens kann man mit einem Pinsel weitere Marinade auftragen.

Tipp: Das Schuppen der Fische ist beim Grillen nicht notwendig.

Beizen

Beizen ist eine schmackhafte Zubereitungsart für rohen Fisch. Mindestens 24 Stunden sollte man den Fisch in einer Mischung aus Salz, Zucker und Kräutern einlegen. Das entzieht ihm die Flüssigkeit und macht das Fleisch zarter.

Marinieren

Eine andere Methode Süßwasserfische roh zuzubereiten – vorausgesetzt es handelt sich um wirklich fangfrische Exemplare in Top-Qualität – ist das Marinieren. Eine der unzähligen Varianten dafür: Bauchstück herausschneiden und mit einem guten Olivenöl beträufeln. Danach den Saft einer Orange dazugeben, salzen und pfeffern, mehrmals im Saft wenden und eine Stunde im Kühlschrank kalt stellen.

Panieren, Frittieren

Das Herausbacken (Frittieren) eines Fisches (oder einzelner Fischstücke) ist in Österreich seit jeher sehr beliebt. Dafür müssen die Fischstücke vorher paniert werden – klassisch in Mehl, versprudeltem Ei und Bröseln. Danach werden sie in hitzebeständigen Ölen (Sonnenblumenöl, Rapsöl) frittiert.

Kleinere Fische können auch mit einer Mischung aus gesalzener Milch und Mehl paniert werden. Und auch Wein- und Bierteige eignen sich zum Panieren von Fischen wie etwa Karpfen und Zander.

Tipp: Nie zu viele Stücke auf einmal frittieren, da sonst das Öl zu kalt wird.

Vorspeisen

Canapés

(4 Personen)

Zutaten

Für die Gewürzbutter
100 g Butter
1 EL Senf
1 EL Honig
Salz
Pfeffer
etwas gehackte Dille

Für die Canapés mit gebeiztem Mariazeller Wildsaibling
4 Scheiben Toastbrot (= 16 Canapés)
Gewürzbutter zum Bestreichen
100 g hausgebeizter, in Scheiben geschnittener Wildsaibling
2 EL Saiblingskaviar

Für die Canapés mit Huchentatar
150 g Huchenfilet
1 EL Sauerrahm
1 KL Mayonnaise
etwas Zitronensaft
Salz
Pfeffer
Schnittlauch
4 Scheiben Toastbrot (= 16 Canapés)
Gewürzbutter zum Bestreichen

Für die Canapés mit Wallercarpaccio
150 g Wallerfilet
Salz
weißer Pfeffer aus der Mühle
etwas Zitronensaft
2 Dotter
1 cl Rotweinessig
1 cl Balsamicoessig
¼ l Olivenöl
1 Messerspitze Estragonsenf
⅛ l Obers
1 kleine rote Zwiebel
Gewürzbutter zum Bestreichen
4 Scheiben Toastbrot (= 16 Canapés)

Zubereitung

Für die Gewürzbutter die Butter auf Zimmertemperatur bringen und in der Küchenmaschine aufschlagen, bis sie mindestens das doppelte Volumen erreicht. Mit den restlichen Zutaten vermengen und nicht mehr kühlen.

Canapés mit gebeiztem Mariazeller Wildsaibling
Das Toastbrot mit der Gewürzbutter bestreichen und mit dem Wildsaibling belegen. Mit einem runden Ausstecher (Ø 3,5 cm) aus jeder Toastbrotscheibe 4 Stück ausstechen. Mit Saiblingskaviar garnieren.

Canapés mit Huchentatar
Das Huchenfilet fein hacken. Die Masse mit Sauerrahm, Mayonnaise sowie Zitronensaft verrühren. Mit Salz und Pfeffer würzen, fein geschnittenen Schnittlauch unterrühren.
Das Toastbrot mit Gewürzbutter bestreichen, Huchentatar darauf verteilen und leicht andrücken. Mit einem runden Ausstecher (Ø 3,5 cm) aus jeder Toastbrotscheibe 4 Stück ausstechen.

Canapés mit Wallercarpaccio
Das Wallerfilet in dünne Scheiben schneiden, mit Salz, Pfeffer und Zitronensaft marinieren.
Dotter und Essig mit einem Mixer oder einem Turmmix aufschlagen. Olivenöl langsam einlaufen lassen, mit Salz und Pfeffer würzen.
Mit Senf abschmecken und mit dem flüssigen Obers auf Konsistenz bringen.
Die Zwiebel schälen und fein schneiden, mit kochendem Wasser kurz überbrühen. Die marinierten Wallerscheiben auf das mit Gewürzbutter bestrichene Toastbrot legen.
Mit der Sauce nappieren. Als Abschluss die geschnittene Zwiebel darüberstreuen.
Toastbrotscheiben zweimal diagonal durchschneiden, sodass 4 Dreiecke entstehen.

Fischaufstrich

(4 Personen)

Zutaten
3 Eier
1 Scheibe Weißbrot
50 ml Milch
1 saurer Apfel
1 Zwiebel
3 geräucherte Forellenfilets
50 g weiche Butter
1 EL gehackte Dille
1 EL gehackte Petersilie
1 EL gehackter Schnittlauch
edelsüßes Paprikapulver

Zubereitung

Die Eier hart kochen, abschrecken, schälen und hacken. Das Weißbrot mit Milch übergießen.
2–3 Minuten ziehen lassen, dann herausnehmen und auspressen.
Apfel und Zwiebel schälen und vierteln. Anschließend zusammen mit den Forellenfilets, dem Brot und der Butter im Mixer pürieren.
Die gehackten Eier unterrühren, Kräuter daruntermischen, mit Paprika bestreuen.

Fischsalat mit Kräutern

(4 Personen)

Zutaten
½ Handvoll Fisolen
1 Karotte
1 Gelbe Rübe
½ Sellerieknolle
Salz
400 g Fischfilets (z. B. Zander, Saibling, Huchen, Waller)
Pfeffer
Zitronensaft
Öl und Butter zum Braten

Für den Salat
1 Radicchio
1 Friséesalat
1 kleiner Chicorée
etwas Vogerlsalat
Kräuter nach Belieben (z. B. Pimpinelle, Kerbel, Rosmarin, Petersilie)

Für die Marinade
Nussöl
Marillenessig
Zucker
Salz
Pfeffer

Zubereitung

Die Salate und die Kräuter putzen, waschen und in mundgerechte Stücke zerteilen. Für die Marinade alle Zutaten gut verrühren. Den Salat kurz vor dem Servieren marinieren.
Fisolen, Karotte, Gelbe Rübe sowie Sellerie putzen und schälen. Fisolen in feine Scheiben, restliches Gemüse in feinste Streifen schneiden und in Salzwasser kurz blanchieren. Auf Eiswasser abkühlen lassen.
Die Fischfilets in gleichmäßige Streifen schneiden und mit Salz, Pfeffer sowie Zitronensaft würzen. In einer Pfanne Öl mit einem Stück Butter erhitzen. Die Fischstücke einlegen und braten.
Den Salat dekorativ auf Tellern anordnen. Die Fischstücke und die feinen Wurzelwerkstreifen dazu anrichten. Fisolenscheiben darüberstreuen.

Fischsulz mit Salat

(6 Personen)

Zutaten
½ Sellerie
1 Karotte
1 Gelbe Rübe
2 Stangen Junglauch
Salz
250 g geräuchertes Forellenfilet
6 Blatt Gelatine
½ l Fischfond
etwas Balsamico

Für die Vinaigrette
je 1 grüner, gelber, roter Paprika
2 Schalotten
frische Kräuter
6 EL Kernöl
8 EL Balsamessig
Salz
Pfeffer
etwas Bärlauch

Für den Salat
1 Friséesalat
etwas Vogerlsalat
Frühlingskräuter nach Belieben
(z. B. Löwenzahn, Bärlauch, Kerbel,
Brunnenkresse etc.)
Kernöl
Marillenessig
Zucker
Salz
Pfeffer
Kürbiskerne zum Dekorieren

Zubereitung

Das Wurzelgemüse in feinste Streifen schneiden und mit dem in Scheiben geschnittenen Junglauch in Salzwasser blanchieren. Das Forellenfilet in 2–3 cm große Stücke schneiden.
Die Gelatine in kaltem Wasser einweichen, ausdrücken und in lauwarmem Fischfond mit Balsamico auflösen.
Anschließend verschiedene Schichten Forellenfilet, Gemüse und Junglauch in eine beliebige Form einsetzen, mit Gelatine übergießen und mindestens 2 Stunden kalt stellen.
Für die Vinaigrette alle Zutaten feinwürfelig schneiden, gut verrühren und abschmecken.
Den Salat und die Kräuter reinigen, waschen und in mundgerechte Stücke zerteilen.
Kurz vor dem Servieren mit Kernöl, Marillenessig, Zucker, Salz und Pfeffer marinieren.
Kürbiskerne darüberstreuen.
Fischsulz mit Salat anrichten, die Kernöl-Vinaigrette separat dazu reichen.

Rahmsulz mit Räucherforelle

(6 Personen)

Zutaten
1 Räucherforelle
etwas Weißwein
⅛ l klarer Fischfond
⅛ l Obers
2 Wacholderbeeren
Salz
weißer Pfeffer aus der Mühle
6 Blatt Gelatine
¼ l halb steif geschlagenes Obers
einige dünne Scheiben Schwarzbrot

Zubereitung

Die Haut der Räucherforelle mit dem Weißwein in einen Topf geben und aufkochen lassen. Mit dem Fischfond auffüllen und auf die Hälfte reduzieren.
Flüssiges Obers und Wacholderbeeren beigeben, nochmals reduzieren, durch ein feines Sieb seihen und kalt stellen.
Die Forellenfilets von allen Gräten befreien und fein faschieren. In einen Cutter geben und mit der Obersreduktion zu einer homogenen Masse verarbeiten.
Mit Salz und Pfeffer abschmecken und die eingeweichte Gelatine beigeben. Das aufgeschlagene Obers unterheben.
Eine Terrinenform mit Frischhaltefolie auskleiden, die Schwarzbrotscheiben einlegen. Masse in die Terrinenform füllen. Für mindestens 2 Stunden in den Kühlschrank stellen.

Fischsulz mit Edelfischen und Lachskaviar

(6 Personen)

Zutaten

2 Stangen Junglauch
Salz
100 g Blattspinat
100 g Forellenfilet
100 g Zanderfilet
100 g Alpenlachsfilet
Pfeffer
6 Blatt Gelatine
½ l Fischfond
4 TL Lachskaviar
frische Dille zum Garnieren

Zubereitung

Den Junglauch in Ringe schneiden und kurz in Salzwasser blanchieren. Den Spinat ebenfalls blanchieren.
Die Fischfilets entsprechend der verwendeten Form in Stücke teilen, salzen und pfeffern.
Die Gelatine in kaltem Wasser einweichen, ausdrücken und in lauwarmem Fischfond auflösen.
Filetstücke, Spinat und Junglauch in eine beliebige Form (z. B. kleine Gläser oder Schälchen) legen und mit der Gelatine übergießen. Mindestens 2 Stunden kalt stellen.
Vor dem Servieren Lachskaviar auf die Fischsulz geben und mit etwas gezupfter Dille garnieren.

Aal mit Salat

(6 Personen)

Zutaten
1 küchenfertiger Aal (ca. 600 g)
4 Stangen Lauch
Butter zum Einfetten und Braten
½ l Geflügelbrühe
Olivenöl zum Kochen und Braten
Salz
1 Karotte
1 kleiner Lauch
2 Schalotten
2 zerdrückte Knoblauchzehen
200 ml Weißwein
1 Lorbeerblatt
1 Zweig Thymian
1 kleiner Friséesalat
1 Radicchio

Zubereitung

Aal in mundgerechte Stücke schneiden. Gut abwaschen. Zur Mittelgräte hin gründlich reinigen. Lauch putzen, Grün abschneiden und die weißen Stangen ganz lassen.
Eine Steingutform ausbuttern und den Lauch hineinlegen. Mit Geflügelbrühe bedecken, etwas Olivenöl darübergießen, leicht salzen und mit Backpapier abdecken.
Im Ofen 30 Minuten bei 180 °C garen. Garzustand mit einer Messerspitze überprüfen. Wenn der Lauch fertig ist, abgießen. Kochsud aufbewahren.
Karotte, kleinen Lauch und Schalotten schälen und schräg zuschneiden.
Aalstücke in einer Pfanne mit Butter und etwas Olivenöl scharf anbraten. Aal herausnehmen und das Gemüse hineingeben. 10 Minuten mit den Knoblauchzehen leicht anschwitzen.
Aalstücke zurück in die Pfanne legen und mit Weißwein aufgießen.
Einmal aufkochen. Lorbeerblatt, Thymian und Lauch-Kochsud zufügen. Zugedeckt bei kleiner Hitze 15 Minuten kochen lassen.
Aal auf einem Gitter abtropfen lassen. Mittelgräte jeweils sorgfältig herausziehen und die Stücke wieder in Form bringen. Kochsud einkochen lassen und warm stellen.
Lauch entsprechend der Größe der Aalstücke zuschneiden. Mit Kochsud glasieren.
Aal- und Lauchstücke mit dem Gemüse auf Tellern anrichten und ein Saucenband aus Aalsud ziehen. Mit Frisée und Radicchio ausgarnieren.

Brachsentatar mit Kaviar

(6 Personen)

Zutaten
6 gekochte Kipfler
Fett zum Braten
500 g Brachsenfilet
4 EL Olivenöl
1 TL im Mörser zerdrückte grüne Pfefferkörner
2 fein geschnittene Schalotten
Saft einer Zitrone
Salz
weißer Pfeffer aus der Mühle
½ Bund fein geschnittener Schnittlauch
1 Limette
Olivenöl zum Beträufeln
1 in feine Ringe geschnittene Jungzwiebel
⅛ l Sauerrahm
60 g Kaviar (am besten vom Stör)

Zubereitung

Die Kipfler schälen, in Scheiben schneiden und kross anbraten.
Das Brachsenfilet mit einem Messer fein zu Tatar hacken.
Olivenöl, grünen Pfeffer, mit kaltem Wasser abgespülte Schalotten, Zitronensaft, Salz und Pfeffer sowie den Großteil des Schnittlauchs vermengen.
Die fein gehackten Brachsenfilets untermischen.
Das Brachsentatar auf Teller geben, Limettenschale darüberreiben, mit Olivenöl beträufeln, mit restlichem Schnittlauch und Jungzwiebel bestreuen.
Mit Sauerrahm und Kaviar anrichten.

Wildsaiblingstatar mit Acocado

(6 Personen)

Zutaten

500 g Wildsaiblingsfilet
4 EL Olivenöl
1 TL zerdrückte grüne Pfefferkörner
2 fein gehackte Schalotten
Saft einer Zitrone
Salz
weißer Pfeffer aus der Mühle
½ Bund fein geschnittener Schnittlauch
2 reife Avocados
Abrieb einer Limette
Olivenöl zum Beträufeln
frisches Basilikum, Pfefferkörner und grobes Salz für die Garnitur

Zubereitung

Wildsaiblingsfilet fein hacken und mit Olivenöl, grünem Pfeffer, mit kaltem Wasser abgespülten Schalotten, etwas Zitronensaft, Salz, Pfeffer und Schnittlauch vermengen.
Die Avocados schälen, halbieren und den Kern entfernen. Das Fruchtfleisch grob würfeln, mit Zitronensaft beträufeln und mit Salz und Pfeffer würzen.
Das Wildsaiblingstatar mit den Avocadostücken auf Tellern anrichten und Limettenschale darüberreiben.
Mit Olivenöl beträufeln, mit Basilikum dekorieren und Pfefferkörner sowie grobes Salz darüberstreuen.

Rollmops vom Mariazeller Wildsaibling mit Chardonnay-Kraut

(6 Personen)

Zutaten
300 g Filet vom Mariazeller Wildsaibling

Für das Chardonnay-Kraut
1 Kopf junges Frühlingskraut
Salz
Öl
Zucker
Sherryessig
Saft einer Zitrone
grüner Pfeffer
1 Flasche Chardonnay-Sekt brut
Olivenöl
Balsamico
Basilikum

Für die Honig-Senf-Sauce
2 EL Dijonsenf
2 EL Honig
⅛ l Sauerrahm
Salz
weißer Pfeffer aus der Mühle

Für die Salate
frische Frühlingssalate nach Geschmack
Nussöl
Balsamico
Sherryessig
Salz
Vanillezucker
weißer Pfeffer aus der Mühle

Zubereitung

Das Frühlingskraut fein schneiden, salzen und mit Öl, Zucker, Sherryessig, Zitronensaft und grünem Pfeffer marinieren.
Etwas beizen und mit dem Chardonnay-Sekt 1 Stunde lang marinieren. Das Kraut mit Olivenöl, Balsamico und Basilikum fein abschmecken.
Das Wildsaiblingsfilet in feine Scheiben schneiden, auflegen, mit Kraut füllen und rollen. Stäbchen (oder Zahnstocher) durchstechen und die Fische leicht kühl stellen.
Für die Honig-Senf-Sauce Senf, Honig und Sauerrahm glatt rühren und mit Salz und weißem Pfeffer aus der Mühle würzen.
Die Frühlingssalate putzen, waschen, gut abtropfen lassen und mit Nussöl, Balsamico, Sherryessig, Salz, Vanillezucker und weißem Pfeffer marinieren.

Lachsforellen-Rosen mit pochiertem Ei und Sauce Hollandaise

(4 Personen)

Zutaten
12 dünne Streifen Lachsforelle

Für die pochierten Eier
4 EL Weißweinessig
4 Eier

Für die Sauce Hollandaise
650 g Butterwürfel (ergibt ca. ½ l geklärte Butter)
50 g feine Schalotten- oder Zwiebelwürfel
1-1½ EL Pflanzenöl
6 zerdrückte schwarze Pfefferkörner
1-1½ in Stücke gerissene Lorbeerblätter
100 ml trockener Weißwein
5 Dotter
2 Eier
Salz
Zucker
weißer Pfeffer oder Cayennepfeffer
Saft einer Zitrone oder etwas milder Essig

Zubereitung

Für die pochierten Eier ca. 1 l Wasser aufkochen, Weißweinessig dazugeben und die Hitze reduzieren.
Die Eier nacheinander in einem Schöpflöffel aufschlagen, vorsichtig vom Löffel in das nur leicht köchelnde Wasser gleiten lassen und 4–5 Minuten garen (die Eier dürfen sich beim Garen nicht berühren).
Die Eier herausnehmen, kurz auf Küchenkrepp abtropfen lassen und unschöne Eiweißfäden am Rand abschneiden.
Für die Sauce Hollandaise die Butterwürfel in einem Kochtopf schmelzen und ca. 5 Minuten aufkochen (klären). Den Schaum mit einer Kelle abschöpfen.
Schalottenwürfel in Öl glasig anschwitzen. Pfefferkörner und Lorbeer dazugeben, mit Weißwein ablöschen. Ca. 3 Minuten aufkochen, einreduzieren und durch ein feines Sieb passieren.
Dotter und Eier mit 4 EL Reduktion mit einem feinen Schneebesen in einer Metallschüssel im heißen Wasserbad (ca. 70 °C) aufschlagen, sodass ungefähr die doppelte Menge entsteht (ca. 1–1½ Minuten).
Die flüssige warme Butter (ca. 50 °C) zuerst tropfenweise und dann nach und nach unterrühren; es muss eine Emulsion entstehen. Mit Salz, Zucker, Pfeffer (oder Cayennepfeffer) und Zitronensaft (oder Essig) abschmecken.
Die Lachsforellenstreifen zusammenrollen, sodass Rosen entstehen. Mit je einem pochierten Ei und etwas Sauce Hollandaise dekorativ auf dem Teller anrichten.
Als Beilage passt Blattspinat.

Geräucherte Forelle mit Oberskren

(4 Personen)

Zutaten
⅛ l Obers
1 Prise Zucker
2 EL frisch gerissener Kren
Salz
weißer Pfeffer aus der Mühle
300 g geräucherte Forelle

Zubereitung

Obers mit Zucker steif schlagen. Den Kren darunterheben und mit Salz und Pfeffer abschmecken. Die geräucherte Forelle in dünne Scheiben schneiden und auf Tellern anrichten.
Den Oberskren dazu servieren.

Geräucherter Waller mit Roten Rüben und Krensauce

(4 Personen)

Zutaten
300 g geräucherter Waller

Für die Krensauce
1 geschälter, mittelgroßer, geviertelter Erdapfel
4 fein gehackte Schalotten
Butter zum Anschwitzen
⅛ l Weißwein
⅛ l Suppe
⅛ l Obers
Salz
weißer Pfeffer aus der Mühle
1 Prise Zucker
½ Krenwurzel
Kerbel zum Garnieren

Für die Roten Rüben
6 Rote Rüben
Salz
1 Schuss Essig
1 EL Kümmel
6 nussgroße Stücke Butter
⅛ l Gemüsefond
Muskatnuss
weißer Pfeffer aus der Mühle

Zubereitung

Die Roten Rüben in kochendes Salzwasser einlegen, Essig und Kümmel beifügen und so lange kochen, bis die Rüben gar sind. Noch im heißen Zustand schälen und in 1 cm dicke Scheiben schneiden.
In einer Pfanne Butter zerlassen, die Roten Rüben leicht anschmoren, mit Gemüsefond aufgießen und mit geriebener Muskatnuss und weißem Pfeffer abschmecken. Zur Seite stellen.
Für die Krensauce Erdapfel und Schalotten in Butter anschwitzen, mit Wein ablöschen und verdampfen lassen. Suppe und Obers aufgießen, würzen und wieder auf die Hälfte einkochen lassen.
Den Kren reiben, für die Garnitur einen Teil beiseitestellen. Restlichen Kren zum Saucenansatz geben, pürieren und durch ein Sieb seihen.
Die Roten Rüben auf Tellern platzieren. Den geräucherten Waller dazusetzen und mit frischem Kren und Kerbel garnieren. Die Sauce separat dazu reichen.

Aal mit Curry und Sellerie

(4 Personen)

Zutaten

1 Räucheraal (ca. 500–600 g)
½ in feinste Streifen geschnittene Knolle Sellerie
1 feinwürfelig geschnittene Zwiebel
2–3 entkernte, feinwürfelig geschnittene, nicht zu saure Äpfel
Salz
Pfeffer
1 Prise Curry
1–2 EL Apfelbalsamico
2–3 EL Traubenkernöl
1 Handvoll Fisolen

Zubereitung

Räucheraal in ca. 1–2 cm dicke Scheiben schneiden, Kopf entfernen.
Sellerie mit Zwiebeln und Apfel vermischen.
Mit Salz, Pfeffer und Curry würzen, mit Essig und Traubenkernöl gut vermengen.
Fisolen blanchieren und in dünne Scheiben schneiden.
Sellerie-Apfel-Mischung auf Teller geben, Aal darauf anrichten, mit Fisolenscheibchen bestreuen.

Hausgebeizte Seeforelle mit Honig-Senf-Sauce und Erdäpfelblinis

(6 Personen)

Zutaten
6 Stück Seeforellenfilet
Salz
Pökelsalz
etwas Dille
einige Orangenspalten
etwas Zucker
Dille und Schnittlauch zum Garnieren
3 TL Forellen- oder Saiblingskaviar

Für die Honig-Senf-Sauce
⅛ l Sauerrahm
1 EL Dijonsenf
1 EL Honig
Salz
Pfeffer
Dille

Für die Blinis
1 großer Erdapfel
50 g Butter
Salz
Pfeffer
Muskatnuss
2 Eier
Olivenöl zum Braten

Zubereitung

Die Seeforellenfilets mit Salz, Pökelsalz, gehackter Dille, geschnittenen Orangenspalten und Zucker beizen. Mit Frischhaltefolie und Alufolie bedecken und 3–4 Stunden kühl stellen.
Die Filets säubern, enthäuten und zurechtschneiden, sodass jeweils ein Rechteck entsteht.
Sauerrahm, Dijonsenf und Honig verrühren.
Mit Salz und Pfeffer würzen, Dille unterrühren.
Den Erdapfel mit Schale 40 Minuten kochen.
Schälen und ca. 5 Minuten im auf 70 °C vorgeheizten Rohr ausdämpfen lassen.
Erdapfel pressen und die Butter hinzufügen.
So lange rühren, bis die Butter sich untergemischt hat. Mit Salz, Pfeffer und Muskatnuss abschmecken.
Die Eier trennen, die Dotter unter die Erdäpfelmasse rühren. Das Eiweiß zu Schnee schlagen, unterheben und aus der Masse Taler formen.
Diese in Olivenöl beidseitig gleichmäßig braun braten.
Die Seeforellenstücke hauchdünn aufschneiden und Senfcreme darauf dressieren. Mit den Erdäpfelblinis servieren, mit Dille, Schnittlauch und Kaviar dekorieren.

Butterbrot mit marinierter Lachsforelle und Schnittlauch

(4 Personen)

Zutaten
400 g frisches, enthäutetes Lachsforellenfilet
4 Scheiben Brot
Butter
1 Bund frisch geschnittener Schnittlauch

Für die Marinade
1 Schalotte
6 EL Olivenöl
2 EL Weißweinessig
Saft einer Limette
Zucker
Salz
Pfeffer
gemahlener Koriander
1 EL gehacktes Koriandergrün

Zubereitung

Die Schalotte schälen, in feine Würfel schneiden und in 1 EL Olivenöl glasig dünsten. Vom Herd nehmen.
Restliches Olivenöl, Essig und Limettensaft untermischen. Mit Zucker, Salz, Pfeffer und gemahlenem Koriander abschmecken und abkühlen lassen. Anschließend Koriandergrün einrühren.
Das Lachsforellenfilet quer in hauchdünne Scheiben schneiden. Diese zwischen 2 Lagen Frischhaltefolie etwas flach klopfen und in eine flache Schale legen.
Marinade darübergießen und die Lachsforelle bei Zimmertemperatur zugedeckt ca. 10 Minuten durchziehen lassen.
Die Brotscheiben großzügig mit Butter bestreichen. Die marinierte Lachsforelle darauf drapieren. Abschließend mit Schnittlauch bestreuen.

Gebeizter Wildsaibling mit Mayonnaise

(4 Personen)

Zutaten
2 Dotter
2 EL Estragonsenf
1 TL Dijonsenf
1 Spritzer Zitronensaft
etwas Balsamico
Salz
Pfeffer
200 ml Olivenöl
300 g gebeizter Wildsaibling
Anchovis und frische Kräuter zum Garnieren

Zubereitung

Dotter, Senf, Zitronensaft, Essig, Salz und Pfeffer in der Rührmaschine aufschlagen und langsam das Olivenöl eintröpfeln lassen, bis eine Mayonnaise entsteht.
Den gebeizten Wildsaibling in ansprechende Stücke portionieren. Auf Tellern anrichten, die Mayonnaise dazugeben und mit Anchovis und Kräutern garnieren.

Silberkarpfen in Aspik mit Kaviar-Ei

(4 Personen)

Zutaten

Für das Gelee
¼ l Gemüsefond
2 ½ Blatt Gelatine

Für die Mayonnaise
1 Dotter
Salz
Pfeffer
1 TL Senf
½ TL Zitronensaft
1 TL Essig
2 EL Olivenöl
⅛ l Pflanzenöl
2 EL Sauerrahm

Für die Gemüsemayonnaise
1 kleiner festkochender Erdapfel
½ Apfel
etwas Zitronensaft
1 Gelbe Rübe
1 Karotte
1 kleine Sellerieknolle
1 kleines Essiggurkel
Mayonnaise (wie oben beschrieben)

Für den Gabelbissen
4 Wachteleier
1 Karotte
1 Gelbe Rübe
2 El Öl zum Andünsten
300 g Silberkarpfenfilet
Salz
Pfeffer
2 EL Öl zum Anbraten

Für den Fond zum Dämpfen
2 Handvoll Suppengemüse (Gelbe Rüben, Karotten, Lauch, Sellerie, Petersilienwurzel etc.)
2 EL Hesperidenessig
⅛ l trockener Weißwein
6 Pfefferkörner
1 Lorbeerblatt
Saft einer halben Zitrone
1 EL Dillspitzen

Für die Kaviar-Eier
6 Eier
Salz
125 g Kaviar

Zubereitung

Gemüsefond aufkochen, Gelatine in kaltem Wasser einweichen, ausdrücken und in den noch warmen Fond einrühren. Auf ein großes Backblech leeren, sodass sie max. 3 mm hoch auf dem Blech steht. Auskühlen und erstarren lassen.
Für die Mayonnaise in einem Mixbecher Dotter, Salz, Pfeffer, Senf, Zitronensaft und Essig mit dem Stabmixer vermengen, Olivenöl hinzufügen und Pflanzenöl zügig einfließen lassen. Zum Schluss Sauerrahm unterrühren.
Für die Gemüsemayonnaise den Erdapfel weich kochen und schälen. Apfel schälen, Kerngehäuse entfernen, mit Zitronensaft beträufeln. Gelbe Rübe, Karotte und Sellerie putzen und in ca. 3 mm große Würfel schneiden. 2–3 Minuten blanchieren, abseihen und mit kaltem Wasser abschrecken.
Erdapfel, Gurkerl und Apfel ebenfalls kleinwürfelig schneiden. Alle würfelig geschnittenen Zutaten mit der Mayonnaise vermengen, abschmecken und kühl stellen.
Für den Fond das Suppengemüse putzen, klein schneiden und mit den übrigen Zutaten in ¼ l Wasser weich kochen lassen.
Für den Gabelbissen die Wachteleier exakt 2 ½ Minuten kochen, in Eiswasser abschrecken und schälen.
Karotten und Gelbe Rüben mit einer Schneidemaschine in je 4 Längsstreifen schneiden und leicht andünsten. 4 Ringformen je mit 1 Streifen Karotte und 1 Streifen Gelbe Rübe auslegen, die Gemüsemayonnaise einfüllen.
Die Wachteleier oben wie ein Frühstücksei abkappen, kleinen Teil weggeben und die Eier so in die Masse stecken, dass sie mit der Gemüsemischung auf gleicher Ebene abschließen.
Das erkaltete Gelee mit der nächst kleineren Ringform ausstechen und den Gabelbissen damit belegen.
Die Hälfte der Karpfenfilets mundgerecht zerteilen. Salzen, pfeffern, auf der Hautseite knusprig anbraten, kurz wenden, aus der Pfanne nehmen und warm stellen.
Zum Dämpfen der restlichen Fischfilets den Fond nochmals erhitzen, von der Flamme ziehen. Filets sofort einlegen, je nach Dicke 1–3 Minuten ziehen lassen.
Die Gabelbissen mit einer Palette auf Tellern anrichten und vorsichtig die Ringform entfernen (kann alles schon 2–3 Stunden vorher zubereitet werden).
Die Eier 3 Minuten kochen und abschrecken. Schälen, leicht salzen. Spitzes Ende abschneiden und mit Kaviar toppen. Eier und frisch gebratenene Fischfilets dekorativ neben die Gabelbissen platzieren. Als Garnitur eignet sich Paprikasauce.

Saibling sour

(6 Personen)

Zutaten
4 in feine Streifen geschnittene kleine Zwiebeln
1 feinwürfelig geschnittene kleine Rote Rübe
1 in feine Scheiben geschnittene Stange Staudensellerie
8 EL Olivenöl
1 Zimtstange
6 Gewürznelken
Salz
Pfeffer
Zucker
Saft und Zesten einer Zitrone
1 EL Rosinen
4 EL geröstete Pinienkerne
¼ l Weißwein
12–18 Saiblingsfilets (je nach Größe)
Dille zum Garnieren

Zubereitung

Die Zwiebeln mit den Roten Rüben und dem Staudensellerie in Olivenöl bei schwacher Hitze anschwitzen, ohne dass sie Farbe bekommen (ca. 10 Minuten).
Zimt, Nelken, Gewürze, Zitronensaft, Zesten, Rosinen und Pinienkerne daruntermengen.
Mit Weißwein ablöschen und weiterschmoren (ca. 10 Minuten).
Die Saiblingsfilets entgräten und parieren, in eine Schüssel legen und mit dem heißen Sud übergießen. Ca. 1 Stunde kalt stellen.
Anschließend Nelken und Zimt entfernen, die Saiblingsfilets mit dem pikanten Zwiebelgemüse auf Tellern anrichten und mit frisch gehackter Dille garnieren.

Krebsmousse

(4 Personen)

Zutaten
2 kg Flusskrebse
600 ml Fischfond
5 Blatt Gelatine
300 ml Obers
Salz
Cayennepfeffer
etwas Zitronensaft
4 TL Lachskaviar
Kerbel zum Dekorieren

Zubereitung

Die Flusskrebse mit dem Kopf voran in kochendem Wasser einmal kräftig kochen lassen und herausnehmen. Die Scheren ablösen und 1 Minute nachkochen.
Die Scheren und die Schwänze aus der Schale ausbrechen und den Darm entfernen. Anschließend Krebsfleisch fein pürieren.
Fischfond auf 300 ml einreduzieren, die pürierte Flusskrebsmasse unterrühren. Mit in kaltem Wasser eingeweichter Gelatine versetzen und kurz vor dem Stocken Obers unterheben.
Mit Salz, Cayennepfeffer und Zitronensaft abschmecken. In Förmchen füllen und mind. 2 Stunden kalt stellen. Dann aus der Form stürzen und mit Kaviar und Kerbel garnieren.

Krebscocktail mit Kaviar-Ei

(6 Personen)

Zutaten
300 g Flusskrebse
Salz
etwas Dille
je 1 gelber und roter Paprika
½ kleine gekochte Rote Rübe
½ blanchierte Zucchini
4 Schalotten
100 g geröstete Eierschwammerl
50 g Paradeisconcassée
Olivenöl
weißer Balsamico
Pfeffer
Zucker
Zitronensaft
frische Kräuter

Für die Mayonnaise
1 Dotter
Salz
Pfeffer
1 TL Senf
½ TL Zitronensaft
1 TL Essig
2 EL Olivenöl
⅛ l Pflanzenöl
2 EL Sauerrahm

Für die Kaviar-Eier
6 Eier
Salz
125 g Kaviar

Zubereitung

Die Flusskrebse in kochendem Salzwasser mit Dille einmal aufkochen und 20 Minuten ziehen lassen.
Für die Mayonnaise in einem Mixbecher Dotter, Salz, Pfeffer, Senf, Zitronensaft und Essig mit dem Stabmixer vermengen.
Olivenöl hinzufügen und Pflanzenöl zügig einfließen lassen. Zum Schluss Sauerrahm unterrühren.
Krebsfleisch ausbrechen und klein schneiden. Das Gemüse für den Cocktail ebenfalls klein schneiden.
Durchmischen, Mayonnaise unterrühren.
Mit der Marinade und den Kräutern abschmecken.
Die Eier 3 Minuten kochen und abschrecken. Schälen, leicht salzen. Spitzes Ende abschneiden und mit Kaviar toppen. Eier zum Krebscocktail reichen.

Hechtnockerl mit Dillsauce

(4 Personen)

Zutaten
300 g enthäutetes, grätenfreies Hechtfilet
Salz
weißer Pfeffer aus der Mühle
300 g Obers
2 Eiweiß
1–2 TL scharfer Senf
Muskatnuss
1–2 TL frische Dillspitzen

Für die Dillsauce
30 g Zwiebeln
1 EL Butter
¼ l Weißwein
1 Bund Dille
¼ l Obers
Salz
Pfeffer
Saft einer Zitrone

Für den Fischfond
1,5 kg verschiedene Edelfischkarkassen
200 g Wurzelgemüse
frische Petersilien- und Dillestängel
Lorbeerblätter
Piment
Pfefferkörner
¼ l Weißwein

Zubereitung

Für den Fischfond die Fischkarkassen gründlich waschen. Zusammen mit Wurzelgemüse, Kräutern und Gewürzen mit kaltem Wasser zustellen. Mit Weißwein und den Karkassen ca. ½ Stunde leicht köcheln lassen.
Fischfond durch ein Sieb seihen. Im Idealfall sollte ungefähr 1 l Flüssigkeit entstehen.
Die Hechtfilets waschen, trocken tupfen und in 1 cm große Würfel schneiden. Salzen und pfeffern. Die Würfel und das Obers ca. 5 Minuten ins Tiefkühlfach stellen, bis sie eiskalt sind.
Die Hälfte der Fischwürfel mit Eiweiß, Senf, Pfeffer und etwas Muskatnuss in einen Cutter geben und kurz pürieren, bis die Zutaten beginnen zu binden.
Dann die Hälfte des Obers in Portionen hinzufügen. Dabei immer wieder pürieren, bis die Fischfarce glatt und glänzend ist. In eine Schüssel füllen und zugedeckt in den Kühlschrank stellen.
Die restlichen Fischwürfel mit dem restlichen Obers ebenso verarbeiten und mit der bereits fertigen Fischfarce verrühren. Dille hinzufügen und die Farce nochmals abschmecken.
In einem großen flachen Topf reichlich Fischfond zum Kochen bringen und die Hitze so reduzieren, dass der Fond knapp unter dem Siedepunkt (bei etwa 90 °C) bleibt.
Mit 2 nassen EL von der Fischfarce Nocken abstechen und in den Fischfond geben. Zudecken und ca. 6 Minuten ziehen lassen.
Für die Dillsauce die fein gehackten Zwiebeln in heißer Butter anschwitzen. Mit Weißwein aufgießen und einkochen. Die Dille fein hacken und hinzufügen.
Das Obers beigeben und aufkochen. Die Sauce aufmixen. Mit Salz, Pfeffer und Zitronensaft abschmecken. Die Nockerl mit der Sauce anrichten.

Fischpralinen mit Gemüse und Salat

(12 Personen)

Zutaten
100 g Karotten
100 g Gelbe Rüben
50 g Grünes vom Lauch
1 Chicorée
Salz
480 g Fischfilet (z. B. Zander oder Saibling)
Pfeffer
Saft einer Limette
1 Knoblauchzehe
100 g gekochte mehlige Erdäpfel
1 Dotter
Mehl
1 Ei
200 g entrindetes Toastbrot

Für den Salat
1 Friséesalat
1 EL Marillenessig
2 EL Nussöl
Salz
Pfeffer
Zucker

Zubereitung

Die Karotten und die Gelben Rüben schälen und in feine Streifen schneiden. Den Lauch waschen und ebenfalls in feine Streifen schneiden. Den Chicorée vierteln. Das Gemüse in Salzwasser blanchieren und mit kaltem Wasser abschrecken.
Das Fischfilet in kleine Würfel schneiden und mit Salz, Pfeffer, Limettensaft und dem fein gehackten Knoblauch abschmecken.
Die Erdäpfel mit dem Gemüse und dem Dotter sowie den Fischwürfeln vermengen und mit Salz und Pfeffer abschmecken. Die Masse ½ Stunde kalt stellen.
Anschließend kleine Kugeln formen und mit Mehl, versprudeltem Ei und in kleine Würfel geschnittenem Toastbrot panieren. Die Fischpralinen in heißem Fett bei 160 °C goldgelb backen.
Den Friséesalat waschen und trocken schleudern. Anschließend mit Marillenessig und Nussöl, Salz, Pfeffer und Zucker marinieren.

Gefüllter Schmorapfel mit Lachsforelle und schwarzen Nüssen

(4 Personen)

Zutaten
4 große Äpfel
Olivenöl
2 fein gehackte Zwiebeln
1 gehackte Knoblauchzehe
100 ml Weißwein
50 ml Obers
200 g enthäutetes, grätenfreies Lachsforellenfilet
fein gehackte Kräuter
Salz
Pfeffer
100 ml Gemüsebrühe
2 schwarze Nüsse

Zubereitung

Von jedem Apfel einen Deckel abschneiden und das Kerngehäuse entfernen.
Olivenöl in einer Pfanne heiß werden lassen.
Zwiebeln und Knoblauch darin anschwitzen.
Mit Weißwein und Obers aufgießen, das würfelig geschnittene Lachsforellenfilet dazugeben.
Aufkochen und anschließend vollständig einkochen lassen. Die Kräuter dazugeben, salzen und pfeffern.
Die Fülle in die Äpfel verteilen, Deckel wieder aufsetzen. Äpfel in eine vorbereitete Form geben, Gemüsebrühe dazugießen.
Form mit Alufolie bedecken. Im Rohr bei 180 °C ca. 20 Minuten schmoren lassen.
Mit schwarzen Nüssen garnieren.

Champignonburger mit Forelle

(4 Personen)

Zutaten

4 große Champignonköpfe
etwas Zitronensaft
Butter zum Anbraten
½ l Fischfond
¼ l Weißwein
2 Lorbeerblätter
5 Pfefferkörner
1 Bund gemischte Kräuter (Dille, Thymian, Kerbel ...)
4 Forellenfilets à 150 g
gemischte Salate (z. B. Radicchio, Frisée, Rucola, Vogerlsalat)
Walnussöl
Himbeeressig
Salz
Pfeffer
Zucker

Zubereitung

Die Champignonköpfe putzen und waschen. Danach gut abtropfen lassen und der Länge nach halbieren.
Mit etwas Zitronensaft beträufeln. Jeweils auf beiden Seiten in heißer Butter anbraten.
Fischfond, Weißwein, Gewürze und Kräuter erhitzen und abschmecken. Die Forellenfilets in den Sud einlegen und bei ca. 70 °C pochieren, bis sie schön glasig sind.
Die Salate waschen und putzen und in mundgerechte Stücke zupfen. Walnussöl, Himbeeressig, Salz, Pfeffer und Zucker zu Marinade verrühren. Salat kurz vor dem Anrichten marinieren und in tiefe Teller geben.
Jeweils einen unteren Teil eines Champignonkopfes daraufsetzen. Ein Forellenfilet darauflegen und mit dem oberen Teil des Champignons bedecken.

Suppen

Fischfond

(für 0,6 l)

Zutaten
400 g Fischkarkassen
2 Zwiebeln
1 kleine Karotte
1 Paradeiser
¼ kleine Fenchelknolle
1 Stange Staudensellerie
1-2 EL Olivenöl
⅛ l Weißwein
4 cl Noilly Prat
ca. 750 ml Gemüsebrühe
1 Lorbeerblatt
½ TL Pimentkörner
½ TL schwarze Pfefferkörner

Zubereitung

Die Fischkarkassen grob zerkleinern und in kaltem Wasser mind. 2 Stunden wässern, dabei das Wasser zwischendurch mehrmals erneuern, bis es klar ist.
Die Karkassen in einem Sieb abgießen und abtropfen lassen. Die Zwiebeln und die Karotte schälen und in 1 cm große Würfel schneiden.
Den Paradeiser waschen, Stielansatz entfernen, Paradeisfleisch in 1 cm große Würfel schneiden.
Den Fenchel und den Sellerie putzen, waschen und in 1 cm große Würfel schneiden.
Das Olivenöl in einem breiten Topf erhitzen und die Fischkarkassen darin bei mittlerer Hitze einige Minuten andünsten, ohne dass sie Farbe nehmen.
Das Gemüse hinzufügen und kurz mitdünsten.
Weißwein und Noilly Prat dazugeben und auf ein Drittel einköcheln lassen.
So viel Brühe angießen, dass die Karkassen und das Gemüse gut bedeckt sind. Lorbeerblatt, Piment- und Pfefferkörner dazugeben.
Alles bei milder Hitze knapp unter dem Siedepunkt 20 Minuten ziehen lassen. Den Fond vom Herd nehmen, abkühlen lassen und vorsichtig durch ein feines Sieb gießen.

Fischessenz

(6 Personen)

Zutaten
1 kg Fischkarkassen
200 g Wurzelwerk
1 EL Tomatenmark
½ l Weißwein
⅛ l Sherry
5 Wachholderbeeren
1 Lorbeerblatt
Salz
weißer Pfeffer aus der Mühle

Zubereitung

Die Fischkarkassen und das Wurzelwerk anrösten, Tomatenmark beigeben und mit Weißwein und Sherry ablöschen.
Einreduzieren lassen, mit kaltem Wasser auffüllen. Für ca. ½ Stunde mit Wacholderbeeren und Lorbeer köcheln lassen.
Nach Ende der Kochzeit langsam durch ein Sieb abseihen. Mit Salz und Pfeffer abschmecken.

Klare Fischsuppe mit Edelfischen

(4 Personen)

Zutaten
200 g gemischte, in Stücke geschnittene Fischfilets (z. B. Zander, Wildsaibling, Huchen, Stör)
Salz
Pfeffer
Zitronensaft
Öl zum Braten

Für die Suppe
110 ml Olivenöl
2 in dünne Streifen geschnittene Stangen Staudensellerie
2 kleinwürfelig geschnittene mittelgroße Zwiebeln
1 kleine in Spalten zerteilte Fenchelknolle
1 in dünne Scheiben geschnittene Karotte
1 in dünne Streifen geschnittener, geschälter, entkernter Paradeiser
¼ l trockener Weißwein
2 l Fischfond
⅛ TL Safranpulver
1 Lorbeerblatt
⅛ TL Cayennepfeffer
Salz
Pfeffer aus der Mühle
1 Bund Thymian
1 Rosmarinzweig
1 Knoblauchzehe
1 Bund Dille

Zubereitung

Bei mittlerer Hitze 2 EL Olivenöl in einem großen Suppentopf erhitzen. Die Selleriestreifen, die Zwiebelwürfel, den Fenchel und die Karotten hineinstreuen.
Unter ständigem Rühren ca. 5 Minuten andünsten. Anschließend die Paradeiserstreifen einrühren. Den Wein zugießen und unter Rühren 2–3 Minuten kochen lassen.
Den Fischfond getrennt erhitzen, den Safran darin auflösen. Den Fischfond in die Gemüsemischung gießen. Lorbeer, Cayennepfeffer, Salz und Pfeffer hinzufügen. Aufkochen und bei reduzierter Hitze ca. 20 Minuten kochen lassen.
Das restliche Öl in einem kleinen Topf über mittlerer Hitze erwärmen. Den gehackten Thymian, den Rosmarin und den gehackten Knoblauch einrühren. 2–3 Minuten dünsten, ohne dass der Knoblauch bräunt.
Danach das aromatisierte Öl durch ein Sieb in die Fischsuppe gießen und gründlich, aber vorsichtig umrühren. Die Fischstücke mit Salz, Pfeffer und Zitrone würzen, in der Pfanne kross braten.
Fisch in die Suppe einlegen, die Suppe nochmals abschmecken. Mit Dille bestreuen und sofort servieren.

Fischsüppchen mit Gemüse und Kalbsbries

(6 Personen)

Zutaten
4 Paradeiser
100 g in Würfel geschnittene Schalotten
150 g in Scheiben geschnittener Staudensellerie
100 g in Streifen geschnittener Fenchel
10 Safranfäden
3 EL Olivenöl
4 EL Vermouth (z. B. Noilly Prat)
300 g Fischfiletstücke nach Wahl
Salz
Pfeffer
1 gehackte Knoblauchzehe
1 zerkleinertes Lorbeerblatt
3 EL gehackte Petersilie
1 l Fischfond

Für das Kalbsbries
350 g Kalbsbries
Salz
2 Lorbeerblätter
8–10 Pfefferkörner
etwas Weißwein
etwas Butter zum Anbraten

Zubereitung

Die Paradeiser über Kreuz einritzen, kurz überbrühen, abschrecken und enthäuten. Dann die Stielansätze entfernen, die Paradeiser vierteln und entkernen.
In einem mittelgroßen Topf Schalotten, Staudensellerie und Fenchel mit den Safranfäden in heißem Olivenöl glasig dünsten. Dann mit Vermouth ablöschen und einmal aufkochen. Den Topf vom Herd nehmen.
Die Paradeiserviertel zu dem gedünsteten Gemüse geben. Die Fischfilets darauf verteilen. Gewürze, Knoblauch, Lorbeer und Petersilie dazugeben.
Alles mit dem Fischfond auffüllen und bei schwacher Hitze im geschlossenen Topf ungefähr 10 Minuten dämpfen.
Das Kalbsbries gut wässern und zuputzen. Häute soweit wie möglich entfernen. In Salzwasser mit Lorbeer, Pfeffer und Weißwein ca. 5 Minuten leicht kochen und dann 20 Minuten ziehen lassen. Herausheben und leicht unter einem Teller pressen. In Scheiben schneiden oder in Röschen zupfen. Anschließend in Butter kurz anbraten.
Fischsüppchen in Suppentellern mit den Fischfiletstücken und dem Kalbsbries anrichten.

Fischbeuschelsuppe

(4 Personen)

Zutaten

400 g gemischtes Fischbeuschel vom Karpfen (Rogen und Milchner)
2 Lorbeerblätter
3 angedrückte Wacholderbeeren
¼ l Weißwein
1 Suppengrün (Karotte, Gelbe Rübe, Sellerie, Petersilie, Lauch)
3 rote Paprika
2 Zwiebeln
1 Knoblauchzehe
Öl
2 EL Paprikapulver
1 TL Essig
Salz
Pfeffer

Zubereitung

Das Fischbeuschel in ca. 2 l kaltem Wasser mit Lorbeerblättern, Wacholderbeeren, Weißwein und Suppengrün aufstellen, 20–30 Minuten leicht köcheln lassen.
Fischbeuschel aus dem Fond heben, Milchner und Rogen klein hacken. Das Suppengrün in feine Streifen schneiden und beiseitestellen.
Paprika waschen, entkernen und in grobe Stücke schneiden, Zwiebeln und Knoblauch schälen, ebenfalls grob klein schneiden.
Öl in einem geräumigen Topf erhitzen, Paprika, Zwiebeln und Knoblauch dazufügen, kurz anrösten. Paprikapulver zugeben, mit Essig ablöschen und mit dem Fond der Fischbeuschelsuppe auffüllen. 15–20 Minuten leicht köcheln, dann die Suppe mit dem Stabmixer fein pürieren.
Fischbeuschel und Gemüse hinzufügen, nochmals kurz aufkochen lassen, mit Salz und Pfeffer abschmecken.

Halászlé – ungarische Fischsuppe

(4 Personen)

Zutaten
500 g Zander- oder Karpfenfilet
80 g Räucherspeck
150 g Zwiebel
2 entkernte Paprikaschoten
2 Paradeiser
5 EL Olivenöl
1 EL mildes Paprikapulver
Essig zum Ablöschen
1 Knoblauchzehe
Dille zum Garnieren

Für den Fischfond
2 Fischköpfe (Zander oder Karpfen)
100 g Zwiebeln
3 Paradeiser
8 schwarze Pfefferkörner
1 Lorbeerblatt
1 TL Salz
1 Spritzer Essig

Zubereitung

Für den Fond die Fischköpfe gut wässern, die Zwiebeln in Scheiben schneiden, die Paradeiser vierteln.
Fischköpfe, Zwiebeln und Paradeiser in einen Topf mit 1,25 l kaltem Wasser geben, mit Gewürzen und Essig 30 Minuten kochen lassen. Abseihen, Paradeiser und Zwiebeln durch ein Sieb streichen und zum Fond geben.
Während der Fischfond kocht, Fischfilet in nussgroße Stücke, Speck und Zwiebel in Würfel, Paprikaschoten in Streifen schneiden.
Die Paradeiser entkernen und in kleine Stücke teilen. Öl erhitzen und zuerst den Räucherspeck, dann die Zwiebeln anrösten.
Paprikapulver einstreuen, sofort mit etwas Essig ablöschen. Mit Fischfond aufgießen, Paprikastreifen beimengen, 10 Minuten kochen lassen.
Fisch, gepressten Knoblauch und Paradeisstücke beigeben und gut 5 Minuten heiß ziehen lassen.
Mit gezupfter Dille garnieren.

Gelbe Paprikaschaumsuppe mit Edelfischen und Flusskrebsen

(6 Personen)

Zutaten
2 große gelbe Paprika
Öl zum Ansautieren
½ l Weißwein
¼ l Rindsuppe
¼ l Obers
Salz
Pfeffer aus der Mühle
6 Flusskrebse
300 g Edelfischfilet (Forelle, Saibling, Zander, Lachsforelle)
Butter zum Schwenken

Zubereitung

Paprika in Stücke schneiden und in Öl ansautieren, mit Weißwein ablöschen, einreduzieren und mit Rindsuppe aufgießen.
Paprika weich kochen und Obers dazugeben.
Die Paprikasuppe mixen und mit Salz und Pfeffer abschmecken.
Währenddessen Flusskrebse in kochendem Salzwasser aufkochen und dann 20 Minuten ziehen lassen.
Krebsfleisch auslösen und in heißer Butter schwenken. Die Fischfilets in Streifen schneiden und ebenfalls in heißer Butter schwenken.
Die Filetstreifen sowie das Krebsfleisch in tiefen, vorgewärmten Tellern anrichten und in der Suppe servieren.

Karotten-Ingwer-Suppe mit gebratenem Stör

(4 Personen)

Zutaten

1 Zwiebel
Butter zum Anschwitzen
6 Karotten
30 g eingelegter Ingwer
1 Knoblauchzehe
¼ l Gemüsefond
1-2 EL Rahm
¼ l Obers
Salz
Pfeffer
200 g Störfilets
Olivenöl zum Braten
1 Chilischote

Zubereitung

Die Zwiebel klein geschnitten in etwas Butter anschwitzen. Geschälte, geriebene Karotten hinzufügen und mitdünsten. Ingwer beigeben und mit gepresstem Knoblauch verfeinern.
Den Gemüsefond dazufügen. Im Mixgerät mit Rahm, Obers, Salz und Pfeffer mixen und passieren. Aufkochen und evt. weiter abschmecken.
Die Störfilets in mundgerechte Stücke teilen, salzen und pfeffern. Olivenöl in einer Pfanne erhitzen und die Fischstücke mit der Hautseite nach unten einlegen. Die Chilischote mitbraten.
Die gebratenen Störstücke in der angerichteten Suppe servieren.

Bisque von Flusskrebsen

Eine Bisque ist ein reduziertes, kräftiges, cremiges Süppchen, das man nur in kleiner Menge serviert.

(4 Personen)

Zutaten

Für den Krebsenfond
Schalen von 40 Flusskrebsen
Salz
2 Zwiebeln
1 Karotte
2 Stangen Staudensellerie
¼ Fenchelknolle
2 vollreife Paradeiser
2 TL Staubzucker
12 EL Cognac
8 EL Vermouth
2 EL Paradeismark
ca. 2,4 l Gemüsebrühe
2 halbierte Knoblauchzehen
2 TL Fenchelsamen

Für die Bisque
2 l Krebsenfond
1 TL Mehlbutter (Butter mit Mehl 1:1 verknetet)
400 ml Obers
80 g kalte Butterwürfel
4 cl Cognac
Salz
Cayennepfeffer
4 cl Chardonnay-Sekt
1 El geschlagenes Obers
Fleisch von 4 gekochten Flusskrebsen

Zubereitung

Die Flusskrebsschalen in lauwarmem Salzwasser waschen, in einem Sieb abgießen, abtropfen lassen und auf einem Backblech verteilen.
Die Krebsschalen im Ofen bei 130 °C auf mittlerer Schiene ca. 20–30 Minuten trocknen. Anschließend in einen Gefrierbeutel füllen und mit einem Fleischklopfer grob zerkleinern.
Zwiebeln und Karotte schälen, Sellerie und Fenchel putzen und waschen, Paradeiser waschen und den Stielansatz entfernen. Gemüse in 1 cm große Stücke schneiden.
Den Staubzucker in einem Topf bei milder Hitze hell karamellisieren, mit Cognac und Vermouth ablöschen. Das Paradeismark unterrühren und die Flüssigkeit sämig einköcheln lassen.
Die Flusskrebsschalen und das Gemüse hinzufügen und mit so viel Gemüsebrühe aufgießen, dass die Karkassen vollständig mit Flüssigkeit bedeckt sind.
Die Brühe zugedeckt bei milder Hitze knapp unter dem Siedepunkt etwa 45 Minuten ziehen lassen.
Den Knoblauch mit den Fenchelsamen zur Brühe geben.
Den Fond weitere 15 Minuten ziehen lassen, dann vorsichtig durch ein feines Sieb gießen (es sollten ca. 2 l Fond entstehen). Gemüse und Karkassen beim Abgießen nicht drücken, damit der Fond klar bleibt.
Anschließend für die Bisque den Fond langsam auf ca. 0,3 l Flüssigkeit einköcheln. Die Mehlbutter einrühren und mit Obers auffüllen.
Zur gewünschten Konsistenz – etwa 0,4 l – einkochen lassen. Die Bisque passieren, wieder auf den Herd stellen und bei mittlerer Hitze die Butter einmontieren.
Mit Cognac, Salz und Cayennepfeffer abschmecken. Kurz vor dem Servieren Sekt und geschlagenes Obers unterheben. In vorgewärmten Tellern mit den gekochten Flusskrebsen anrichten.

Hauptspeisen

Felchenbrandade mit Erdäpfelchips

Brandade ist ein Püree aus Fisch und weiteren Zutaten (Kartoffeln, Gemüse). Am bekanntesten ist die „Brandade de Morue", eine Spezialität aus Bordeaux mit Stockfischpüree.

(4 Personen)

Zutaten
1 kg enthäutetes, grätenfreies Felchenfilet
400 ml Milch
2 Knoblauchzehen
200 ml Olivenöl
Salz
weißer Pfeffer
1 roher, geschälter Erdapfel
Öl zum Frittieren
einige Petersilienstängel

Zubereitung

Die Felchenfilets in 5 cm große Stücke schneiden. Milch lauwarm erhitzen, den Fisch und die zerdrückten Knoblauchzehen dazugeben.
Ungefähr 15 Minuten pochieren, ohne dass die Milch kocht. Die Felchenstücke herausnehmen, zerteilen und zerdrücken.
Die Milch filtern. In einen Topf füllen und leicht erwärmen. Das Olivenöl in einem anderen Topf ebenfalls erhitzen, bis es lauwarm ist.
Milch und Olivenöl unter ständigem Rühren in kleinen Mengen unter den Fisch mischen und so die Brandade herstellen. Salzen, pfeffern und im Wasserbad lauwarm halten.
Den Erdapfel in feine Scheiben schneiden (geht sehr gut mit dem Gurkenhobel), kurz in lauwarmes Wasser legen, auf einem Tuch abtropfen lassen.
Erdapfelscheiben in heißem Fett goldbraun frittieren. Die Petersilie ebenfalls kurz ins heiße Öl geben.
Die Felchenbrandade auf Teller anrichten. Die Erdäpfelchips hineinstecken und mit frittierter Petersilie garnieren.

Forelle mit Safran-Semmel-Kren

(6 Personen)

Zutaten
450 g frisches Forellenfilet
Salz
weißer Pfeffer
¼ l Grüner Veltliner
¼ l Fischfond

Für den Safran-Semmel-Kren
½ l Rindsuppe
8 in Wasser eingeweichte Semmeln
15 Safranfäden
100–200 g frisch gerissener Kren
(je nach Schärfe)
Salz
Pfeffer
Muskatnuss
frische Dille zum Garnieren

Zubereitung

Die Forellenfilets in gleich große Stücke schneiden und mit Salz und Pfeffer würzen.
Grünen Veltliner einreduzieren und den Fischfond beigeben. Die Forellenfilets auf den Punkt pochieren.
Die Rindsuppe aufkochen, die eingeweichten Semmeln und den Safran hinzufügen und einmal kurz aufkochen lassen.
Mit Kren, Salz, Pfeffer und Muskatnuss vollenden, mit Dille garnieren.

Forelle blau

(6 Personen)

Zutaten
2 Zwiebeln
Salz
1 TL Wacholderbeeren
1 TL schwarze Pfefferkörner
3 Lorbeerblätter
100 g Suppengrün
3 Forellen
¼ l Weißweinessig

Zubereitung

3 l Wasser mit Zwiebeln, 2 EL Salz, Wacholderbeeren, Pfefferkörnern, Lorbeerblättern und Suppengrün ca. 30 Minuten leicht köcheln lassen.
Die ausgenommenen Forellen nicht schuppen, nur mit Wasser abspülen. Innen leicht salzen. Forellen in einen langen Topf (z. B. Bräter) legen. Essig aufkochen und heiß über die Forellen gießen. Forellen mit dem Essig in den sanft köchelnden Fond geben.
Zugedeckt auf kleiner Flamme ca. 10–12 Minuten ziehen lassen. Wenn man die Rückenflosse leicht herausziehen kann, sind die Forellen gar.
Mit einer Schaumkelle auf vorgewärmte Teller heben. Als Beilage eignen sich besonders gut Petersilerdäpfel.

Gedämpfte Äsche mit Safransauce

(6 Personen)

Zutaten
6 Äschenmedaillons à 150 g
Salz
weißer Pfeffer aus der Mühle
Saft einer halben Zitrone
½ l Grüner Veltliner
¼ l Fischfond
1 Dillzweig
2 Lorbeerblätter
schwarze und weiße Pfefferkörner
6 geviertelte Schalotten

Für die Safransauce
eine halbe Zwiebel
40 g Butter
4–5 Safranfäden
1 Knoblauchzehe
¼ l Gemüsefond
1–2 EL Sauerrahm
⅛ l Obers
Salz
Pfeffer

Zubereitung

Die Äschenmedaillons würzen und mit dem Zitronensaft beträufeln.
Den Grünen Veltliner mit dem Fischfond vermengen. Bis auf die Schalotten alle restlichen Zutaten in den Sud einlegen und aufkochen lassen.
Die Medaillons mit den geviertelten Schalotten in den Veltlinersud einlegen und schwach weiterköcheln lassen, bis die Äsche (ca. 8 Minuten) gar ist.
Für die Sauce die Zwiebel klein schneiden und in Butter anschwitzen. Die Safranfäden beigeben und mit gepresstem Knoblauch verfeinern.
Dann den Gemüsefond dazugeben. Im Küchenmixer mit Sauerrahm und Obers mixen und passieren. Noch einmal aufkochen lassen und mit Salz und Pfeffer abschmecken.
Als Beilage passt Blattspinat.

Gedämpfte Maräne mit Avocadogemüse

(6 Personen)

Zutaten
1 Gurke
2 Paradeiser
½ Fenchelknolle
Salz
Pfeffer
1 EL Gurkenessig
80 g Butter
3 Avocados
6 Maränenfilets à 120 g
Saft einer Zitrone
3 EL geschlagenes Obers
Thymian und Malvenblüten
zum Garnieren

Zubereitung

Die Gurke waschen und in dünne Scheiben oder Streifen schneiden.
Die Paradeiser waschen, den Strunk entfernen und in dünne Spalten schneiden.
Den Fenchel in dünne Spalten schneiden. In einen Topf geben, mit Wasser bedecken. Mit wenig Salz, Pfeffer, Gurkenessig sowie gut der Hälfte der Butter ca. 2 Minuten köcheln lassen.
Die Avocados schälen und den Stein entfernen. In Würfel von 1 × 1 cm schneiden, zum Fenchel geben, ca. 5 Minuten dünsten.
Wenn das Gemüse fast weich ist, die Maränenfilets darauflegen und zugedeckt etwa 3 Minuten dämpfen.
Die Paradeiser und die Gurke dazugeben und nochmals ca. 1 Minute dämpfen. Gemüse und Fisch aus dem Fond heben und auf vorgewärmten Tellern anrichten.
Fond mit Zitronensaft, restlicher Butter und Obers aufmixen. Würzen und zum Fisch reichen. Mit Thymian und Malvenblüten garnieren.

Szegediner Krautfleisch vom Moorkarpfen

(4 Personen)

Zutaten
5 Zwiebeln
2 Knoblauchzehen
6 EL Öl
2 rote Paprika
2 Pfefferoni
4 EL Paprikapulver
3 EL Paradeismark
½ l Rindsuppe
Salz
Pfeffer
Muskatnuss
3 Lorbeerblätter
250 g Sauerkraut
4 El Sauerrahm
Mehl zum Binden
400 g in Stücke geschnittenes, entgrätetes Moorkarpfenfilet
Dille zum Dekorieren

Zubereitung

Zwiebeln und Knoblauch grob hacken und in Öl braun dünsten. Paprika und Pfefferoni fein schneiden und kurz mitrösten, paprizieren und tomatisieren.
Mit Suppe ablöschen, würzen, Lorbeer hinzufügen und 20 Minuten köcheln lassen. Lorbeerblätter entfernen, Mischung pürieren.
Ca. 20 Minuten weiterköcheln lassen, dann das Sauerkraut untermengen. Weiterkochen, bis das Kraut weich ist. Abschmecken und mit Sauerrahm-Mehl-Gemisch binden.
Den Karpfen separat in einer Pfanne andünsten und am Ende der Garzeit des Krauts hinzufügen.
Mit Dille garnieren.
Als Beilage empfehlen sich Kümmelerdäpfel.

Medaillons vom Mariazeller Wildsaibling im Traubenkernöl-Wildkräuter-Bad

(6 Personen)

Zutaten
6 Wildsaiblingsmedaillons à 50 g

Für das Traubenkernöl-Wildkräuter-Bad
½ l Traubenkernöl
grobes Salz
gemischte Wildkräuter (z. B. Thymian, Kerbel, Kamille, Brennnessel, Lavendel, Salbei, Rosmarin, Basilikum)
Malvenblüten

Für den Fischfond
1,5 kg gemischte Edelfischkarkassen
200 g Wurzelgemüse
frische Petersilien- und Dillestängel
Lorbeerblätter
Piment
Pfefferkörner
¼ l Weißwein

Für die Paprikasauce
2 rote Paprika
4 EL Butter
Weißwein zum Ablöschen
¼ l Fischfond
¼ l Obers

Zubereitung

Für den Fischfond die Fischkarkassen gründlich waschen. Wurzelgemüse und Gewürze mit kaltem Wasser zustellen, mit Weißwein und den Karkassen ca. ½ Stunde leicht köcheln lassen. Fischfond durch ein Sieb seihen. Es sollte ca. 1 l Fond entstehen.
Für die Paprikasauce den Paprika in Rauten oder Würfel schneiden und in 2 EL Butter ansautieren. Mit Weißwein ablöschen, einreduzieren und in Fischfond weich kochen. Obers beigeben, mit restlicher Butter mixen und abseihen.
Das Traubenkernöl mit Salz, Wildkräutern und Malvenblüten bei 100 °C im Rohr warm stellen. Die Wildsaiblingsmedaillons 6–7 Minuten (je nach Stärke) einlegen.
Die fertigen Medaillons mit der Paprikasauce servieren.

Barbe mit Verjus und Teigreis

(4 Personen)

Zutaten
4 Barbenfilets à 150 g
Salz
weißer Pfeffer aus der Mühle
Saft einer halben Zitrone
600 ml Verjus
6 geviertelte Schalotten

Für den Teigreis
200 g glattes Mehl
2 Eier
1 Dotter
Salz

Zubereitung

Die Barbenfilets mit Salz und Pfeffer würzen und mit Zitronensaft beträufeln.
Den Verjus in einem Topf erhitzen und einreduzieren. Die Barbenfilets mit den Schalotten einlegen und schwach weiterköcheln lassen, bis die Barbe gar ist.
Für den Teigreis alle Zutaten langsam zu einem geschmeidigen Teig kneten. In Klarsichtfolie einschlagen und 30 Minuten rasten lassen. Den Teig dann entweder durch ein grobmaschiges Sieb pressen oder durch eine Reibe fein reiben. In Salzwasser kochen.
Dazu passen grüner Spargel und Paprika.

Stör im Kräuterbad mit Wachtelei und Kaviar

(4 Personen)

Zutaten
½ l Traubenkernöl
Salz
Kräuter und Blüten (Malven, Kamille, Ringelblume) für das Ölbad und zum Garnieren
4 Störfilets à 120 g
4 Wachteleier
Pfeffer
grobes Salz
2 TL Kaviar

Für das Püree
½ kg mehlige Erdäpfel
Salz
⅛ l Milch
50 g Butter
Pfeffer
Muskat

Zubereitung

Das Traubenkernöl mit Salz, Kräutern und Blüten bei 100 °C im Rohr warm stellen. Die Störfilets ca. 5 Minuten darin einlegen.
Die Erdäpfel schälen, vierteln und in Salzwasser kochen. Milch mit Butter aufkochen. Erdäpfel hineinpressen, mit Salz, Pfeffer und Muskat würzen und durchrühren.
Die Wachteleier zu Spiegeleiern braten, salzen und pfeffern.
Die Störfilets auf Teller setzen und mit wenig grobem Salz bestreuen. Etwas Püree auf jeden Teller geben, je 1 Wachtelspiegelei und ½ TL Kaviar dazu anrichten. Mit Kräutern und Blüten ausgarnieren, wenn gewünscht auch etwas Sauce Hollandaise dazu reichen.

Äschenmedaillons mit Kürbis-Schalotten-Gemüse

(6 Personen)

Zutaten
6 Äschenmedaillons à 150 g
Salz
weißer Pfeffer aus der Mühle
Saft einer halben Zitrone
½ l Grüner Veltliner
¼ l Fischfond
1 Dillezweig
2 Lorbeerblätter
schwarze und weiße Pfefferkörner
6 geviertelte Schalotten
grobes Salz zum Bestreuen

Für das Gemüse
6 längliche Schalotten
Butter zum Anschwitzen
800 g in mundgerechte Stücke geschnittener Muskatkürbis
¼ l Gemüsebrühe
Salz
Pfeffer
Kürbiskernöl zum Beträufeln
Zitronenthymian zum Garnieren

Zubereitung

Die Äschenmedaillons würzen und mit dem Zitronensaft beträufeln.
Den Grünen Veltliner mit dem Fischfond vermengen. Dille, Lorbeer und Pfeffer in den Sud einlegen und aufkochen lassen.
Die Äschenmedaillons mit den geviertelten Schalotten in den Veltlinersud einlegen und schwach weiterköcheln lassen, bis die Äsche gar ist (ca. 8 Minuten).
Für das Gemüse die Schalotten vierteln und in Butter anschwitzen. Kürbis beigeben.
Mit Gemüsebrühe ablöschen, mit Salz und Pfeffer abschmecken und gar dünsten.
Die Filets auf Teller legen, mit grobem Salz bestreuen, Kürbis und Schalotten dazu anrichten, Kürbis mit Kernöl beträufeln, Schalotten mit Zitronenthymian dekorieren.

Flusskrebse im Sud

(6 Personen)

Zutaten
3 kg fangfrische, lebende Flusskrebse
Salz
1 geschälte Zwiebel
frische Gartenkräuter
Pfeffer
1 Lorbeerblatt
1 geviertelte Stange Lauch
frischer Kümmel

Zubereitung

Die Flusskrebse in den kochenden Sud geben, in dem alle Zutaten mitgekocht werden.
Krebse ca. 2–3 Minuten kochen und ebenso lang nachziehen lassen.
Als Beilage servieren Sie einfaches Knoblauchbrot. Der Sud kann zur Entschlackung ebenfalls verzehrt werden.

Gulasch vom Amurkarpfen

(6 Personen)

Zutaten

½ kg Amurkarpfenfilet
Salz
weißer Pfeffer aus der Mühle
Saft einer Zitrone
Olivenöl zum Braten und Anschwitzen
Butter zum Braten
1 Schalotte (oder 1 mittlere Zwiebel)
1 TL Paprikapulver (Brasil)
1 klein gehackte rote Paprikaschote
⅛ l Weißwein
⅛ l Fischfond
¼ l Obers
je 1 roter, gelber, grüner Paprika
1 Stange Lauch
Chilischoten zum Garnieren

Zubereitung

Das Karpfenfilet in größere Würfel schneiden, mit Salz, Pfeffer und Zitronensaft würzen, in heißem Olivenöl mit Butter braten und warm stellen.
Für die Sauce die Schalotte kleinwürfelig schneiden und in Olivenöl anschwitzen. Das Paprikapulver und die klein gehackte rote Paprikaschote beigeben.
Mit Weißwein und Fischfond ablöschen. Mit Obers verfeinern und mit Salz und Pfeffer würzen.
Die Paprikaschoten in Würfel schneiden, in Olivenöl anschwitzen, salzen und pfeffern und weich schmoren.
Währenddessen den Lauch putzen, in Scheiben schneiden und in Olivenöl anbraten.
Die Paprikasauce auf Teller geben, die Paprikawürfel darauf verteilen und Karpfenstücke darauf anrichten. Mit Chilischoten und dem gebratenen Lauch vollenden.

Hechtpörkölt

(6 Personen)

Zutaten

1 Zwiebel
je 1 roter, gelber, grüner Paprika
2 EL Butter
¼ l Grüner Veltliner
¼ l Fischfond
⅛ l Obers
Salz
weißer Pfeffer aus der Mühle
½ kg Erdäpfel
Fett zum Herausbacken
6 enthäutete, entgrätete Hechtfilets (à 120–150 g)
Olivenöl und Butter zum Braten
150 g Speckscheiben (geräuchertes, leicht durchzogenes Kaiserfleisch)
frische Kräuter zum Garnieren

Zubereitung

Die Zwiebel schälen, fein hacken. Die Hälfte der frischen Paprika entkernen, in Stücke schneiden. Paprika in Butter anschwenken und mit Veltliner ablöschen. Einköcheln lassen und mit Fischfond aufgießen.
Erneut einköcheln lassen, bis die Paprika weich werden. Den Ansatz mit Obers auffüllen, würzen und mixen, mit Salz und Pfeffer abschmecken.
Erdäpfel waschen, schälen, in Quader schneiden und in heißem Fett herausbacken. Salzen und abtropfen lassen.
Die Hechtfilets salzen, leicht pfeffern und in gleichmäßige Stücke schneiden. In einer Pfanne in Olivenöl und etwas Butter anbraten und wenden, im vorgeheizten Backofen bei 220 °C zart braten.
Die Zwiebel in etwas Butter anschwenken und mit der vorbereiteten Paprikasauce aufgießen, abschmecken und etwas geschlagenes Obers unterziehen.
Die restlichen Paprika entkernen, in gleichmäßige Rauten schneiden, in Butter anschwitzen und mit Salz und weißem Pfeffer abschmecken. Speck ebenfalls anbraten.
Paprikastücke zusammen mit den Fischstücken, dem Speck und den Erdäpfelwürfeln in der Zwiebel-Paprika-Sauce servieren, mit Kräutern garnieren.

Forelle Müllerin

„Müllerin" heißt diese Art der Zubereitung deshalb, weil dabei der Fisch vor dem Braten in reichlich Mehl gewendet wird.

(6 Personen)

Zutaten
3 Forellen
frisch gepresster Saft von eineinhalb Zitronen
30 g Mehl
40 g Butter
3 EL gehackte Petersilie
Salz
Zitronenscheiben und Walnüsse zum Garnieren

Zubereitung

Ausgenommene Forellen kurz unter fließend kaltem Wasser waschen und mit Küchenkrepp vorsichtig trocken tupfen. Man kann auch die Haut mit einem scharfen Messer mehrmals einschneiden, dadurch gart der Fisch schneller.
Die Forellen mit 3 EL Zitronensaft beträufeln, innen und außen salzen und in Mehl wenden. Überschüssiges Mehl abschütteln.
Die Hälfte der Butter in einer Pfanne erhitzen. Die Forellen auf mittlerer Temperatur braten. Die erste Seite ca. 5 Minuten lang braten, vorsichtig wenden und dann die zweite Seite ca. 3 Minuten braten.
Wenn sich die Rückenflosse leicht herausziehen lässt, ist die Forelle gar. Sonst noch ein paar Minuten weiterbraten. Forellen auf vorgewärmten Tellern anrichten.
Restliche Butter und Zitronensaft im Bratenfett erhitzen. Petersilie über die Forelle streuen. Die Fische mit heißer Zitronenbutter begießen und mit je einer Zitronenscheibe und Walnüssen garnieren.
Als Beilage passen idealerweise Braterdäpfel.

Reinanke Müllerin

(6 Personen)

Zutaten
3 Reinanken
frisch gepresster Saft von
eineinhalb Zitronen
Salz
30 g Mehl
20 g Butterschmalz
3 EL frisch gehackte Petersilie
2 EL Butter
Kapern und frische Kräuter
zum Garnieren

Zubereitung

Ausgenommene Reinanken kurz unter fließend kaltem Wasser waschen und mit Küchenkrepp vorsichtig trocken tupfen.
Die Reinanken mit 3 EL Zitronensaft beträufeln, innen und außen salzen und in Mehl wenden. Überschüssiges Mehl abschütteln.
In einer beschichteten Pfanne Butterschmalz erhitzen. Bei mittlerer Temperatur die Reinanken auf der ersten Seite ca. 5 Minuten braten, vorsichtig wenden und auf der zweiten Seite ca. 3 Minuten braten.
Wenn sich die Rückenflosse leicht herausziehen lässt, ist die Reinanke gar. Fische auf vorgewärmte Teller legen, Petersilie darüberstreuen.
Im Bratenfett Butter und den restlichen Zitronensaft erhitzen. Die Reinanken mit der heißen Zitronenbutter begießen. Mit Kapern und Kräutern garnieren.
Als Beilage passen Petersilerdäpfel.

Saiblingsschnitzerl Pariser Art

(4 Personen)

Zutaten
4 Saiblingsfilets à 80 g
Salz
Pfeffer
Zitronensaft
2 EL Mehl
2 Eier
Fett zum Herausbacken

Zubereitung

Die Saiblingsfilets mit Salz, Pfeffer und Zitronensaft marinieren.
In Mehl wenden, Mehl festdrücken. Anschließend in die gut verquirlten Eier tauchen.
In heißem Fett von beiden Seiten schön goldgelb backen.
Servieren Sie dazu in heißer Butter geschwenkte Petersilerdäpfel und Kräutersauce.

Frikadellen von der Brachse

(4 Personen)

Zutaten
50 g Weißbrot
50 ml Milch
½ Bund Frühlingszwiebel
500 g Brachsenfilet
1 Dotter
Salz
Pfeffer aus der Mühle
½ TL Currypulver
½ TL fein gehackter Ingwer
½ fein gehackte Knoblauchzehe
½ TL abgeriebene Zitronenschale
1 Spritzer Zitronensaft
Weißbrotbrösel zum Panieren
4 EL Öl

Zubereitung

Das Weißbrot in kleine Würfel schneiden und in eine Schüssel geben. Die Milch darübergießen und die Brotwürfel zugedeckt einweichen. Die Frühlingszwiebel putzen, waschen und in feine Ringe schneiden.
Brachsenfilet waschen und trocken tupfen.
Die Filetstücke in möglichst kleine Würfel schneiden und in eine Schüssel geben.
Den Dotter, die eingeweichten Brotwürfel und die Frühlingszwiebelringe dazugeben und mit den Händen locker vermischen.
Salz, Pfeffer, Currypulver, Ingwer, Knoblauch, Zitronenschale und Zitronensaft zur Fischmasse geben und untermischen.
Die Masse mit nassen Händen zu kleinen Frikadellen formen und diese in Weißbrotbröseln wenden.
Das Öl in einer Pfanne erhitzen und die Fischfrikadellen darin bei milder Hitze von beiden Seiten ca. 5–6 Minuten goldbraun braten.
Die Fischfrikadellen herausnehmen und auf Küchenkrepp abtropfen lassen.
Als Beilage empfehlen sich Kräutersauce und mit Wachtelspiegeleiern getoppter Blattspinat.

Fischgröstl Toni Mörwald

(6 Personen)

Zutaten
2 Karpfenfilets
2 Alpenlachsfilets
2 Zanderfilets
Salz
weißer Pfeffer aus der Mühle
Olivenöl und Butter zum Braten
100 g Junglauch
100 g Frühstücksspeck
Öl zum Frittieren
300 g gekochte, geschälte Erdäpfel
1 fein gehackte Zwiebel
frisch geriebene Muskatnuss

Zubereitung

Die Fischfilets in 2–3 cm breite Streifen schneiden, mit Salz und Pfeffer würzen. In Olivenöl und Butter braten.
Etwas Grün vom Lauch in feinste Streifen und das Weiß in ca. 1 cm breite Scheiben schneiden. Das Grün nur ganz kurz in Butter schwenken, das Weiß in Butter anrösten, salzen und pfeffern.
Den Speck in Würfel schneiden und knusprig frittieren.
Die Erdäpfel in Scheiben schneiden. Öl erhitzen, die Zwiebel anschwitzen und die Erdäpfelscheiben beigeben. Knusprig rösten und mit Salz, Pfeffer und Muskatnuss würzen.
Die Erdäpfelscheiben auf Teller geben, Lauchscheiben und Fischfilets dazu anrichten. Mit Lauchgrün garnieren und mit den frittierten Speckwürfeln verfeinern.

Egli mit Zwiebeln und langem Pfeffer

Egli ist ein in der Schweiz, aber auch in Österreich unter diesem Namen bekannter Flussbarsch. Am Bodensee heißt dieser Fisch „Kretzer".

(6 Personen)

Zutaten
12 Eglimedaillons à 60 g
Mehl
Salz
Pfeffer
Öl zum Braten

Für die geschmorten Zwiebeln
8 weiße Zwiebeln
2 EL Olivenöl
Salz
etwas langer Pfeffer
etwas Weißwein
etwas Basilikum

Zubereitung

Die Zwiebeln halbieren, die durchsichtige Zwiebelhaut entfernen und die einzelnen Zwiebelschichten in feine Streifen schneiden.
In Öl langsam anschwitzen, bis die Zwiebeln ganz weich sind. Danach mit etwas Salz, langem Pfeffer und Weißwein abschmecken. Zum Schluss fein geschnittenes Basilikum unterheben.
Die Eglimedaillons mehlieren, salzen und in einer beschichteten Pfanne von jeder Seite 1–2 Minuten braten.
Eglimedaillons zusammen mit den geschmorten Zwiebeln anrichten.

Kurz gebratener Stör mit Olivenragout

(4 Personen)

Zutaten
4 Störfilets
Salz
Pfeffer
Mehl zum Stauben
Olivenöl und Butter zum Braten

Für das Olivenragout
2 Paradeiser
Olivenöl
1 Knoblauchzehe
1 Schalotte
einige Safranfäden
Noilly Prat und Sherry zum Ablöschen
40 g Oliven
20 g Kapern
Saft und Schale einer Limette
Salz
Pfeffer
80 g Butter

Zubereitung

Für das Olivenragout die Paradeiser häuten. Dann vierteln, das Fruchtfleisch herausnehmen und aufbewahren.
In einem Topf Olivenöl mit Knoblauch erhitzen, die geschnittene Schalotte und das Paradeisfruchtfleisch anschwitzen.
Safran dazugeben, mit Noilly Prat und Sherry ablöschen. Aufkochen lassen und dann durch ein Sieb abseihen.
Oliven, Kapern, Limettensaft und fein geschnittene Limettenschale in die Flüssigkeit geben. Mit Salz und Pfeffer würzen und mit Butter binden.
Die Störfilets würzen, in Mehl wenden und in Olivenöl-Butter-Mischung auf beiden Seiten ca. 1 Minute scharf anbraten. Dann warm stellen und anrichten.

Wallermedaillons mit Dijonlinsen und roter Butter

(4 Personen)

Zutaten
12 Wallermedaillons à 50 g
Salz
Pfeffer
etwas Maiskeimöl

Für die Dijonlinsen
100 g Belugalinsen
3 Schalotten
2 Scheiben Bauchspeck
1 TL Olivenöl
Salz
¼ l Geflügelfond
¼ l Obers
2 TL Dijonsenf
Balsamico
Pfeffer
1 EL gehackte Petersilie

Für die rote Butter
4 Schalotten
1 Rosmarinzweig
1 EL Butter
1 EL Zucker
½ l Rioja
kalte Butter zum Binden

Zubereitung

Linsen in Wasser einweichen. Schalotten und Speck fein würfeln. Speck in Olivenöl leicht anrösten. Schalotten in Salzwasser 2 Minuten blanchieren, abgießen, abschrecken und zum Speck geben.
Geflügelfond aufgießen und einkochen lassen. Obers beigeben und ebenfalls etwas einkochen. Die Linsen hinzufügen und mit Senf, Balsamico, Salz und Pfeffer abschmecken. Kurz vor dem Anrichten Petersilie unterrühren.
Für die rote Butter Schalotten fein würfeln und mit Rosmarin in Butter anschwitzen. Zucker beigeben und leicht karamellisieren. Mit Rioja auffüllen, auf ein Drittel einkochen lassen und abseihen. Kurz vor dem Anrichten mit einem Schneebesen kalte Butterstücke einrühren, bis die Reduktion leicht bindet.
Wallermedaillons mit Salz und Pfeffer würzen. In einer beschichteten Pfanne Maiskeimöl erhitzen, Fischstücke mit der Hautseite nach unten in die Pfanne legen und knusprig braten. Danach umdrehen, die Hitze reduzieren und nachziehen lassen, bis das Fischfleisch glasig ist. Linsen mit Wallermedaillons und Riojabutter anrichten.

Zander mit Paprikasauce und Braterdäpfeln

(6 Personen)

Zutaten
6 Zandermedaillons à 120 g
Mehl
Salz
Pfeffer

Für die Paprikasauce
2 rote Paprika
4 EL Butter
1 Schuss Weißwein
¼ l Rindsuppe
¼ l Obers
Salz
Pfeffer

Für die Braterdäpfel
1 kg gekochte Erdäpfel
3 Zwiebeln
2 EL Butterschmalz
Salz
Pfeffer

Zubereitung

Die Paprika in Rauten oder Würfel schneiden und in 2 EL Butter ansautieren. Mit Weißwein ablöschen, einreduzieren und in Rindsuppe weich kochen.
Obers hinzufügen, Sauce mit restlicher Butter mixen und abseihen. Abschmecken.
Die geschälten Erdäpfel und Zwiebeln in gleichmäßige Würfel schneiden. Alles zusammen in einer Pfanne in Butterschmalz braten. Salzen und pfeffern.
Die Zandermedaillons mehlieren, würzen und in einer beschichteten Pfanne von jeder Seite 1½ Minuten braten.

Zander serbisch

(4 Personen)

Zutaten
4 Zanderfilets
Salz
Pfeffer
etwas Mehl
Butterschmalz zum Braten

Für die Paprikasauce
2 kleine rote Paprikaschoten
2-3 EL Öl
120 g Cocktailparadeiser
1 kleine Zwiebel
300 ml Gemüsebrühe
20 g kalte Butter
Salz
1 Prise Cayennepfeffer

Zubereitung

Den Backofengrill einschalten. Die Paprikaschoten der Länge nach vierteln und entkernen. Die Viertel mit der Schnittfläche nach unten auf ein Backblech legen, die Hautseite mit 1–2 EL Öl bepinseln.
Paprika im Ofen auf mittlerer Schiene ca. 5 Minuten garen, bis die Haut dunkle Blasen wirft.
Aus dem Ofen nehmen, kurz abkühlen lassen, die Haut abziehen. Das Fruchtfleisch klein schneiden.
Die Cocktailparadeiser waschen und vierteln, dabei die Stielansätze entfernen. Die Zwiebel schälen und in dünne Streifen schneiden.
Das restliche Öl in einem Topf erhitzen und die Zwiebel darin bei mittlerer Hitze glasig andünsten.
Die Paprikastücke und die Paradeiser hinzufügen.
Brühe angießen und das Gemüse zugedeckt bei milder Hitze knapp unter dem Siedepunkt 10–15 Minuten ziehen lassen. Etwas Gemüse für die Garnitur beiseitestellen.
Die Brühe mit dem restlichen Gemüse in eine hohe Rührschüssel füllen und mit einem Stabmixer fein pürieren.
Das Püree durch ein nicht zu feines Sieb passieren und wieder in den Topf geben. Mit dem Stabmixer die Butter unterrühren.
Abschließend die Sauce mit Salz und Cayennepfeffer abschmecken.
Die Zanderfilets in Stücke schneiden, salzen, pfeffern und in Mehl wenden. Dann in Butterschmalz anbraten, kurz auf niedriger Hitze ziehen lassen (das Fischfleisch darf nicht zu trocken werden).
Zander auf dem Püree anrichten, mit Gemüse garnieren.

Zander mit Belugalinsen und Paprikasauce

(6 Personen)

Zutaten
6 enthäutete Zanderfilets à 100 g
6 Scheiben Wurzelspeck
Pfeffer
Öl und Butter zum Braten

Für die Linsen
Wurzelgemüse
50 g Speckwürfel
25 g gehackte Schalotten
Öl zum Braten
frisch gehackter Rosmarin
frisch gehackter Thymian
1 EL Mehl zum Stauben
1 Schuss Johannisbeeressig
⅛ l Obers
¼ l Rindsuppe
100 g Belugalinsen
Salz
Pfeffer
etwas Walnussöl

Für die Paprikasauce
2 rote Paprika
4 EL Butter
1 Schuss Weißwein
¼ l Rindsuppe
¼ l Obers
Salz
Pfeffer

Zubereitung

Für die Linsen das klein geschnittene Wurzelgemüse, Speck und Schalotten in etwas Öl goldbraun anrösten und würzen. Kräuter zugeben, mit Mehl stauben, mit Johannisbeeressig ablöschen, mit Obers und Rindsuppe aufkochen.
Dann die Belugalinsen zugeben und kernig kochen. Die Linsen dürfen nicht weich werden, durch zu langes Kochen verlieren sie ihren Geschmack. Mit Salz, Pfeffer und Walnussöl abschmecken.
Paprika in Rauten oder Würfel schneiden und in 2 EL Butter ansautieren. Mit Weißwein ablöschen, einreduzieren und in Rindsuppe weich kochen. Obers beigeben, mit restlicher Butter mixen und abseihen. Abschmecken.
Die geputzten Zanderfilets mit Pfeffer beidseitig würzen, in Wurzelspeckscheiben einschlagen. In einer heißen Pfanne mit Öl und Butter beidseitig kross braten.
Im Backrohr bei 150 °C 5 Minuten fertig garen. Mit den Belugalinsen und der Paprikasauce anrichten.

Hechtkotelett mit Morchelcreme

(4 Personen)

Zutaten
250 g frische Morcheln
1 Schalotte
20 g Butter
Salz
Pfeffer
1 Spritzer Zitronensaft
200 ml Obers
1 kleine Karotte
1 kleine Gelbe Rübe
etwas Sellerieknolle
4 Hechtkoteletts mit Haut
Öl zum Braten und Frittieren
1 Erdapfel

Zubereitung

Die Morcheln putzen, waschen und auf einem Tuch trocken tupfen. Größere Morcheln halbieren. Schalotte feinwürfelig schneiden. Butter erhitzen und Morcheln mit Schalottenwürfeln darin anschwitzen.
Mit Salz, Pfeffer und Zitronensaft abschmecken. Mit ⅛ l Obers aufgießen und kurz sämig einkochen. Restliches Obers aufschlagen. Nochmals abschmecken. Geschlagenes Obers vor dem Anrichten unterheben.
Das Wurzelwerk in feinste Streifen schneiden oder hobeln und kurz in Salzwasser blanchieren. Gut abtropfen lassen.
Die Hechtkoteletts mit Salz und Pfeffer würzen. In Öl scharf anbraten oder auf den Grill legen.
Den Erdapfel waschen, schälen und in ca. 1 × 1 cm große Würfel schneiden. In heißem Öl knusprig frittieren.
Die Hechtkoteletts auf Teller setzen und mit Morchelcreme anrichten. Mit Erdäpfelwürfeln und Wurzelwerkstreifen garnieren.

Fischsalpikon mit Grillpolenta und Kürbiscreme

(6 Personen)

Zutaten
¼ l Milch oder Gemüsefond
Salz
Pfeffer
Muskatnuss
100 g gelber Polentagrieß

Für die Kürbiscreme
1 kg reifer Kürbis
Salz
1 kleine Zwiebel
2 kleine Thymianzweige
2 EL Olivenöl
50 ml geschlagenes Obers

Für das Fischsalpikon
6 Fischfilets nach Wahl
Salz
weißer Pfeffer aus der Mühle
Saft einer halben Zitrone
Öl und Butter zum Braten

Zubereitung

Milch (oder Gemüsefond) mit Salz, Pfeffer und Muskat aufkochen lassen, Polentagrieß einrühren und 5–10 Minuten auskochen.
In eine beliebige Form streichen und 1 Stunde kalt stellen. Aus der Form stürzen, 1 cm dicke Scheiben herunterschneiden. Am Grill goldbraun rösten.
Für die Creme den Kürbis schälen, die Kerne entfernen und das Kürbisfleisch klein schneiden. Etwas salzen und ca. 1 Stunde bei 180 °C im vorgeheizten Ofen garen.
Die Zwiebel hacken und mit dem Thymian in Olivenöl andünsten. Den Kürbis dazugeben und weich dünsten.
Die Masse im Mixer pürieren und durch ein Sieb streichen. Die Creme bei schwacher Hitze erwärmen, mit Salz abschmecken und das Obers einmontieren.
Die Fischfilets in Würfel schneiden und mit Salz und Pfeffer würzen. Mit Zitronensaft säuern und in Olivenöl mit etwas Butter braten.
Dazu passt Weißweinsauce auf der Basis von Fischfond.

Huchen mit Artischocken und Paradeisern

(4 Personen)

Zutaten
2 Paradeiser
4 Artischockenherzen
2 EL Olivenöl
Salz
Pfeffer
Lorbeer und Thymian nach Geschmack
1 fein gewürfelte Knoblauchzehe
50 g Butter
400 g Huchenfilet
Butter zum Braten

Zubereitung

Paradeiser in kochendem Wasser blanchieren, kalt abschrecken, die Haut abziehen und würfeln. Artischockenherzen in Stücke schneiden. In einer Pfanne Olivenöl erhitzen und die Artischocken anschwitzen.
Nach 2 Minuten Paradeiser, Gewürze und Knoblauch beigeben, mit Alufolie abdecken und im Ofen bei 150 °C 15 Minuten schmoren, anschließend mit Butter binden.
Huchen in 4 gleiche Portionen teilen, salzen und in Butter 4–5 Minuten glasig braten. Paradeis-Artischocken-Gemüse in die Mitte der Teller geben und den Huchen darauf anrichten.

Amurkarpfen mit grünen Bohnen und Sauerampfer

(4 Personen)

Zutaten
4 Amurkarpfenfilets
Salz
Pfeffer
etwas Mehl
Öl zum Braten

Für die Bohnen
200 g grüne Bohnen
1 Prise Backpulver
Salz
Butter zum Schwenken
Pfeffer

Für den Sauerampfer
1 Bund Sauerampfer
etwas Butter
4 Schalotten
2 Knoblauchzehen
Salz
weißer Pfeffer aus der Mühle

Zubereitung

Die Karpfenfilets mit Salz und Pfeffer würzen. Die Hautseite in Mehl tauchen und in einer Pfanne in heißem Öl kross braten.
Die grünen Bohnen mit dem Backpulver in Salzwasser kochen. Danach in Butter schwenken, mit Salz und Pfeffer würzen.
Den Sauerampfer vom Stiel befreien und grob hacken. Butter in der Pfanne zerlassen, fein geschnittene Schalotten und gepressten Knoblauch anschwitzen. Den Sauerampfer kurz durchschwenken, salzen und pfeffern.
Die grünen Bohnen und den Sauerampfer mit etwas Kochflüssigkeit auf Tellern anrichten, die Karpfenfilets daraufsetzen.

Äsche mit Wildspargel und Schalotten

(4 Personen)

Zutaten
8 Schalotten
Butter zum Schwenken
Salz
Pfeffer
12 Stangen Wildspargel
4 Äschenfilets
etwas Mehl
Öl zum Braten

Für den Fond zum Spargelkochen
1 l Wasser
1 Schuss Weißwein
50 g Butter
Salz
Zucker
Zitronensaft
1 altbackene Semmel

Zubereitung

Die Schalotten vierteln und in etwas Butter schwenken. Leicht salzen und pfeffern.
Den Wildspargel schälen und im Fond ca. 12 Minuten kochen.
Währenddessen die Äschenfilets mit Salz und Pfeffer würzen. Die Hautseite in Mehl tauchen und in einer Pfanne in heißem Öl kross braten.
Den Spargel und die Schalotten auf Tellern verteilen, die Äschenfilets daraufsetzen. Zum dekorativen Garnieren eignet sich Paprikasauce.

Hechtfilets mit Babychicorée und Himbeeren

(4 Personen)

Zutaten
2 Babychicorée
Salz
Pfeffer
Zucker
1 Estragonzweig
1 Melissenzweig
Butter zum Anschwitzen
Olivenöl zum Anschwitzen und Braten
Weißwein zum Ablöschen
200 g Himbeeren
4 Hechtfilets
etwas Mehl
Saft einer Zitrone

Zubereitung

Chicorée vierteln, salzen, pfeffern und zuckern.
Die Kräuter grob zupfen.
Butter und Olivenöl erhitzen und den Chicorée kurz anschwitzen, evt. nachwürzen.
Mit Weißwein ablöschen. Himbeeren und Kräuter kurz mitschwenken und etwas einreduzieren.
Die Hechtfilets auf der Hautseite in Mehl wenden.
Mit Salz, Pfeffer und Zitronensaft würzen und in Olivenöl kross braten.
Als Beilage empfehlen sich Bratkartoffeln.

Störsteak mit Pfeffersauce und Kroketten

(4 Personen)

Zutaten
4 Störsteaks
Salz
Zitronensaft
Pfeffer
Mehl zum Wenden
Öl zum Braten

Für die Pfeffersauce
3 fein gehackte Schalotten
¼ l Rotwein
1 Prise Zucker
Mehl zum Stauben
⅛ l Fischfond
3 EL grüne Pfefferkörner
Butter zum Montieren

Für die Kroketten
1 kg Erdäpfel
3 Dotter
Salz
1 Prise Muskatnuss
3 EL Mehl
2 Eier
3 EL Semmelbrösel
Fett zum Frittieren

Zubereitung

Die Erdäpfel kochen und noch heiß durch eine Presse drücken. Mit Dotter verkneten und mit Salz und Muskatnuss würzen.
Zu einer ca. 2 cm dicken Rolle formen und in ca. 4 cm lange Stücke schneiden.
Die Schalotten mit dem Rotwein aufkochen lassen und bis zur Gänze einreduzieren. Mit Zucker würzen und die Reduktion beiseitestellen.
Die Fischsteaks trocken tupfen, mit Salz, Zitronensaft und Pfeffer würzen und in Mehl wenden.
In einer Pfanne Öl erhitzen und die Steaks von jeder Seite ca. 5 Minuten braten.
Für die Sauce den Bratenrückstand der Störsteaks mit etwas Mehl stauben. Mit Fischfond aufgießen und durch ein Sieb seihen.
In die Schalotten-Rotwein-Reduktion eingießen und den grünen Pfeffer beimengen. Abschließend mit etwas Butter aufmontieren.
Kroketten in Mehl, verquirlten Eiern und Semmelbröseln panieren und in heißem Fett schwimmend goldbraun frittieren.

Frikassee von Waller und Zander

(6 Personen)

Zutaten
2 Karotten
2 Gelbe Rüben
Salz
weißer Pfeffer aus der Mühle
3 Wallerfilets
3 Zanderfilets
1 Bund frischer Zitronenthymian
Olivenöl und Butter zum Braten
150 g Speckwürfel
Kernöl zum Beträufeln
Kerbel und Schnittlauch zum Garnieren

Für die Krensauce
1 mittelgroßer, geschälter, geviertelter Erdapfel
4 fein gehackte Schalotten
Butter zum Anschwitzen
⅛ l Weißwein
⅛ l Suppe
⅛ l Obers
Salz
weißer Pfeffer aus der Mühle
1 Prise Zucker
½ Krenwurzel

Zubereitung

Karotten und Gelbe Rüben in dünne Scheiben schneiden, würzen, dünsten und auf vorgewärmte Teller geben.
Für die Krensauce den Erdapfel mit den Schalotten in Butter anschwitzen. Mit Wein ablöschen und verdampfen lassen.
Mit Suppe und Obers aufgießen, würzen, wieder auf die Hälfte einkochen lassen. Kren hineinreiben (etwas Kren für die Garnitur aufheben), Sauce durch ein Sieb seihen.
Die Fischfilets in 2–3 cm breite Streifen schneiden. Mit Salz, Pfeffer und Zitronenthymian würzen, in Olivenöl und Butter braten.
Die Speckwürfel in etwas Öl anschwitzen.
Gemüse mit Kernöl beträufeln, Fisch darauflegen.
Mit Kerbel, Schnittlauch und Kren garnieren.
Mit Speckwürfeln vollenden.
Die Krensauce zum Fisch reichen.

Reinankenfilet mit Kürbiscreme und Gewürzbutter

(6 Personen)

Zutaten
6 Reinankenfilet à 120 g
Mehl
Salz
Pfeffer
100 g blanchierter Blattspinat
Lavendel, Ringelblumen und Malvenblüten zum Anrichten

Für die Kürbiscreme
1 kg reifer Kürbis
Salz
1 kleine Zwiebel
2 kleine Thymianzweige
2 EL Olivenöl
50 ml geschlagenes Obers

Für die Gewürzbutter
100 g Butter
1 EL gehackte Petersilie
1 EL gehackter Thymian
1 EL Schnittlauchröllchen
1 Messerspitze abgeriebene, unbehandelte Zitronenschale
Salz
Pfeffer

Zubereitung

Für die Creme den Kürbis schälen, die Kerne entfernen, Kürbisfleisch klein schneiden. Etwas salzen und ca. 1 Stunde bei 180 °C im vorgeheizten Ofen garen.
Die Zwiebel hacken und mit dem Thymian in Olivenöl andünsten. Den Kürbis dazugeben und weich dünsten.
Die Masse im Mixer pürieren und durch ein Sieb streichen. Die Creme bei schwacher Hitze erwärmen, mit Salz abschmecken und das Obers einmontieren.
Die Reinankenfilets mehlieren, würzen und in einer beschichteten Pfanne von jeder Seite 1 ½ Minuten braten.
Währenddessen die Butter bei mittlerer Hitze zergehen lassen. Petersilie, Thymian, Schnittlauchröllchen und Zitronenschale unterrühren, salzen und pfeffern.
Filets mit der Kürbiscreme auf einem Bett aus Blattspinat und Blüten anrichten. Die Gewürzbutter separat dazu reichen.

Seeforelle mit geschmolzenen Paradeisern

(6 Personen)

Zutaten

2 EL Olivenöl
50 g in feine Streifen geschnittener Lauch
12 Kirschparadeiser
1/16 l Weißwein
Salz
weißer Pfeffer aus der Mühle
Muskat
2 EL Butter
etwas frisches Basilikum
3 geschälte Knollen Knoblauch
1/4 l Milch
6 frische Seeforellenfilets à 150 g
Olivenöl und Butter zum Braten
100 g Frühstücksspeck
gemischte Kräuter zum Garnieren

Zubereitung

Olivenöl in einer Pfanne erhitzen, Lauchstreifen und Paradeiser darin anschwenken, mit Weißwein ablöschen, mit Salz, Pfeffer und Muskat abschmecken.
Einreduzieren lassen bis fast die ganze Flüssigkeit verdampft ist. Mit Butter aufmontieren und zum Schluss das fein gehackte Basilikum untermengen.
Den Knoblauch in der Milch ca. 3 Minuten abkochen, abseihen und abschrecken, danach abtrocknen.
Die Seeforellenfilets in Streifen schneiden, mit Salz und Pfeffer würzen. In Olivenöl und Butter braten. Die Knoblauchzehen kurz mitbraten.
Den Speck in Scheiben schneiden und knusprig braten. Die Sauce auf Tellern anrichten, die restlichen Zutaten darauf arrangieren und mit Kräutern garnieren.

Schuppenkarpfen mit Ratatouille und Salbeiterrine

(4 Personen)

Zutaten
4 Schuppenkarpfenfilets mit Haut
Salz
Pfeffer
etwas Mehl
Fett zum Braten

Für das Ratatouille
1 Melanzani
1 Zucchini
3 Paradeiser
je 1 gelber, roter, grüner Paprika
1 klein geschnittene Zwiebel
2 klein gehackte Knoblauchzehen
5 EL Olivenöl
1/16 l Weißwein
2 EL Paradeismark
Salz
Pfeffer
Zucker
Suppe zum Aufgießen
frische Kräuter (v. a. Petersilie, Rosmarin, Thymian, Oregano)

Für die Terrine
1 Bund Salbei
600 ml Obers
6 Eier
Salz
Pfeffer
Muskatnuss

Zubereitung

Den Karpfen mit Salz und Pfeffer würzen. In etwas Mehl wenden und in der heißen Pfanne in Fett kross braten.
Für das Ratatouille das Gemüse in 0,5 cm große Würfel schneiden. Olivenöl erhitzen und das Gemüse mit dem Knoblauch – bis auf die Paradeiser – gut anschwitzen.
Mit Weißwein ablöschen, mit Paradeismark tomatisieren, würzen und mit Suppe aufgießen. 5 Minuten köcheln lassen, Kräuter beigeben und die Paradeiswürfel unterheben.
Für die Terrine den Salbei waschen und gut abtrocknen. Danach – bis auf einige Blätter für die Form und als Garnitur – fein hacken.
Obers, Eier und Gewürze gut vermengen. Den gehackten Salbei dazugeben und mit einem Schneebesen gut verrühren.
Eine Terrinenform mit Frischhaltefolie auskleiden und mit Salbeiblättern auslegen.
Die Masse einfüllen und im Rohr auf mittlerer Schiene bei 200 °C 25 Minuten backen.
Überkühlen lassen und anschließend stürzen.
Die Folie entfernen und die Salbeiterrine in Scheiben schneiden.
Je 2 Scheiben auf einen Teller setzen. Ratatouille und Karpfenfilet dazu anrichten, mit Salbeiblättern ausgarnieren.

Fish & Eggs

(4 Personen)

Zutaten
1 l Traubenkernöl
50 g grobes Salz
gemischte Wildkräuter (z. B. Thymian, Kerbel, Brennnessel, Salbei, Rosmarin, Basilikum)
100 g Ringelblumen
100 g Malvenblüten
100 g Kamillenblüten
360 g Filet vom Mariazeller Wildsaibling
3 Eier
Butter zum Braten
Schnittlauch und Dille zum Garnieren

Zubereitung

Das Traubenkernöl mit dem Salz und den Wildkräutern sowie den Blüten bei 100 °C im Rohr warm stellen.
Die Saiblingsfilets in Medaillons schneiden (pro Person 2 Stück kalkulieren) und im Ölbad je nach Stärke 6–7 Minuten einlegen.
Die Eier mit etwas Butter in einer Pfanne zu Spiegeleiern braten.
Fisch auf Tellern anrichten, je 1 Ei auf 2 Saiblingsmedaillons legen. Mit Schnittlauch und Dille garnieren.
Als Beilage passen Erdäpfelpüree und Erdäpfelblinis mit Kaviar.

Zanderbackerl mit Radicchio-Risotto

(4 Personen)

Zutaten
270 g Zanderbackerl
Salz
Pfeffer
Olivenöl zum Braten

Für den Risotto
1 fein gehackte Schalotte
30 g Olivenöl
200 g Risottoreis
1 l Geflügelfond
Salz
60 g Butter
40 g geriebener Parmesan
1 Schuss Kirschenessig
2 EL geschlagenes Obers
200 g Radicchio
Butter zum Ansautieren

Zubereitung

Für den Risotto die Schalotte in Olivenöl ohne Farbe anziehen lassen, den Reis dazugeben und glasig dünsten. Unter Rühren nach und nach Geflügelfond angießen, salzen.
Wenn der Reis fertig ist (bissfest), Butter, Parmesan, Kirschenessig und Schlagobers unterheben.
Radicchio waschen, in feine Streifen schneiden und kurz in Butter ansautieren. Dann unter den Risotto ziehen.
Die Zanderbackerl mit Salz und Pfeffer würzen.
In einer Pfanne braten. Herausnehmen und auf Küchenkrepp abtropfen lassen.
Den Radicchio-Risotto auf Tellern anrichten, die Zanderbackerl daraufsetzen.

Fischrisotto mit schwarzen Nüssen

(6 Personen)

Zutaten
100 g Risottoreis
1 klein geschnittene Zwiebel
1 Knoblauchzehe
Olivenöl zum Anschwitzen und Braten
⅛ l Weißwein
Salz
Pfeffer
½ l Suppe
250 g Fischfilets nach Belieben
Saft einer Zitrone
etwas gehackte Petersilie
⅛ l geschlagenes Obers
gehobelter Parmesan
schwarze Nüsse und Dille zum Garnieren

Zubereitung

Reis mit Zwiebel und blättrig geschnittenem Knoblauch glasig anschwitzen, mit Wein ablöschen, würzen und mit der Suppe kernig kochen.
Fischfilets in mundgerechte Stücke schneiden, würzen, in Olivenöl kurz und scharf anbraten.
Mit Zitrone und Petersilie vollenden.
Kurz vor dem Anrichten geschlagenes Obers und Parmesan unter den Reis ziehen. Den Risotto auf Teller geben, Fischstücke daraufsetzen.
Fischrisotto mit schwarzen Nüssen und Dille ausgarnieren.

Edelfischpotpourri mit Butternudeln

(4 Personen)

Zutaten
300 g Tagliatelle
Salz
60 g Butter
Pfeffer
400 g gemischte Fischfilets (z. B. Zander, Saibling, Huchen, Waller)
Zitronensaft
Öl und Butter zum Braten

Zubereitung

Die Nudeln in Salzwasser al dente kochen, abseihen und in den leeren Topf zurückgeben. Mit Butterflocken vermischen, salzen und pfeffern.
Die Fischfilets in gleichmäßige Stücke schneiden und mit Salz, Pfeffer sowie Zitronensaft würzen.
In einer Pfanne Öl und Butter erhitzen. Die Fischstücke einlegen und braten.
Die Butternudeln und die Fischfilets dekorativ auf Tellern anrichten. Zum Garnieren eignen sich frische Kräuter oder etwas Kräuterpesto.

Pappardelle mit Lachsforelle und Zitrone

(6 Personen)

Zutaten
1 Ei
1 Dotter
½ TL Olivenöl
Salz
etwas Mineralwasser
200 g Mehl
3 Lachsforellenfilets à 120 g
Pfeffer
Olivenöl zum Braten
Butter zum Braten und Schwenken
1 in Scheiben geschnittene unbehandelte Zitrone

Zubereitung

Für den Nudelteig Ei, Dotter, Öl, Salz und Mineralwasser vermischen. Nach und nach das Mehl zugeben und solange verkneten, bis sich der Teig vom Schüsselrand löst.
Teig zu einer Kugel formen, in Klarsichtfolie einschlagen und 30 Minuten kühl stellen.
Anschließend Teig durch die Nudelmaschine treiben und 2 cm breite Nudeln (Pappardelle) herstellen.
Die Lachsforellenfilets salzen, pfeffern und in gleichmäßige Würfel schneiden.
In einer Pfanne Öl und Butter erhitzen und die Fischwürfel anbraten. Dann die Zitronenscheiben kurz dazugeben.
Die Pappardelle bissfest kochen und abseihen.
In etwas zerlassener Butter schwenken und auf Tellern mit den gebratenen Fischwürfeln und Zitronenscheiben anrichten.

Spaghetti mit Paradeisern und Basilikum auf Honig-Fisch-Sugo

(6 Personen)

Zutaten
500 g entgrätete Fischfilets nach Geschmack
8 Paradeiser
2 fein gehackte Schalotten
2 Knoblauchzehen
Olivenöl zum Anschwitzen und Schwenken
Salz
Pfeffer
1 EL Honig
1 Bund Basilikum
Zitronensaft
350 g Spaghetti
150 g weißer Rettich
Butter zum Schwenken

Zubereitung

Die Fischfilets in kleine Würfel schneiden. Die Paradeiser blanchieren, die Haut abziehen, die Kerne herausnehmen und aufheben. Das Fruchtfleisch kleinwürfelig schneiden. Die Kerne und den Saft pürieren.
Schalotten und Knoblauch in Olivenöl anschwitzen, mit dem Paradeissaft ablöschen und mit Salz, Pfeffer und Honig abschmecken. Paradeiswürfel und Basilikum kurz mitschwenken.
Die Fischwürfel mit Salz, Pfeffer und Zitronensaft würzen. In Olivenöl ca. 2 Minuten scharf anschwitzen und unter das Paradeis-Honig-Sugo mengen.
Den Rettich in Stifte schneiden, kurz in Salzwasser einlegen, danach in Butter schwenken.
Die Spaghetti in Salzwasser al dente kochen, in Olivenöl und etwas Butter schwenken, mit dem Sugo und dem Rettich anrichten.

Fischfilet mit Tagliatelle und gebratenen Perlzwiebeln

(6 Personen)

Zutaten
6 Fischfilets (Saibling oder Forelle)
Salz
Pfeffer
Öl und Butter zum Braten
zerlassene Butter zum Schwenken
100 g Perlzwiebeln
Petersilie zum Garnieren

Für den Nudelteig
1 Ei
1 Dotter
½ TL Olivenöl
Salz
etwas Mineralwasser
200 g Mehl

Zubereitung

Für den Nudelteig Ei, Dotter, Öl, Salz und Mineralwasser vermischen. Nach und nach das Mehl zugeben und so lange verkneten, bis sich der Teig vom Schüsselrand löst.
Den Nudelteig zu einer Kugel formen, in Klarsichtfolie einschlagen und 30 Minuten kühl stellen.
Den Teig durch die Nudelmaschine treiben und ca. 0,5 cm breite Nudeln (Tagliatelle) herstellen.
Die Fischfilets würzen. In einer Pfanne Öl und Butter erhitzen und die Fischfilets darin braten.
Die Tagliatelle in Salzwasser bissfest kochen und abseihen. In etwas zerlassener Butter schwenken und auf Tellern anrichten.
Die Perlzwiebeln ebenfalls kurz in Butter schwenken. Die Fischfilets auf die Tagliatelle setzen, mit Perlzwiebeln und Petersilienblättern dekorativ anrichten.

Linguine alla Carbonara mit feinen Wildsaiblingsscheiben

(6 Personen)

Zutaten
1 EL Olivenöl
200 g gekochter durchwachsener Speck
oder Beinschinken
4 EL gehackte Schalotten
50 ml Obers
ca. 50 g geriebener Parmesan
Salz
1 Prise Cayennepfeffer
Pfeffer
2 EL gehackte Petersilie
2 Dotter
100 g Wildsaiblingsfilet
500 g Linguine
3 EL Butter
300 g gebeiztes Wildsaiblingsfilet

Zubereitung

Öl in einer Pfanne erhitzen und den fein gewürfelten Speck mit Schalotten knusprig anbraten. Obers und Käse vermischen, kräftig mit Salz, Cayennepfeffer, Pfeffer und Petersilie abschmecken und über den Speck und die Schalotten gießen.
Die Sauce nochmals abschmecken und zum Schluss mit Dotter legieren. Nicht mehr aufkochen lassen!
Vom Wildsaiblingsfilet hauchdünne Scheiben schneiden und vorsichtig unter die Carbonara-Sauce mengen.
Die Linguine in Salzwasser al dente kochen, abtropfen und mit der in kleinen Stückchen zugegebenen Butter mischen. Die Carbonara dazu servieren, mit Rosen aus gebeiztem Wildsaiblingsfilet dekorieren.

Flusskrebsravioli mit schwarzen Nüssen

(4 Personen)

Zutaten
300 g Blattspinat
Salz
⅛ l Obers
Pfeffer
Muskatnuss
200 g Nudelteig (wie unten beschrieben)
1 versprudeltes Ei
16 Wachteleidotter
8 Flusskrebse
etwas Butter
30 g junge Erbsen
einige schwarze Nüsse
Kräuter nach Belieben

Für den Nudelteig
4 Eier
4 Dotter
1 TL Öl
Salz
10 ml Wasser
500 g Mehl

Zubereitung

Den Spinat putzen und in Salzwasser ca. 2 Minuten kochen; in Eiswasser abschrecken. Abseihen und mit dem Mixstab fein pürieren. Mit dem Obers zu cremiger Konsistenz einkochen und mit Salz, Pfeffer und Muskat abschmecken.
Für den Nudelteig Eier, Dotter, Öl, Salz und Wasser vermischen. Nach und nach das Mehl zugeben und solange verkneten, bis sich der Teig vom Schüsselrand löst. Zu einer Kugel formen, in Klarsichtfolie einschlagen und 30 Minuten kühl stellen.
200 g Nudelteig per Hand oder mit der Maschine dünn ausrollen. Die Hälfte des Teiges mit versprudeltem Ei bestreichen, den Cremespinat darauf verteilen.
In regelmäßigen Abständen kleine Mulden machen und je 1 Wachteleidotter hineingeben.
Flusskrebse abkochen, ausbrechen, die Schwänze halbieren und die Hälften jeweils zu einem Wachteleidotter in den Spinat geben.
Sehr vorsichtig die zweite Platte Nudelteig darüberlegen und rund um die Fülle gut andrücken.
Anschließend Ravioli ausschneiden.
Die Ravioli mit dem Dotter nach oben in kochendem Salzwasser garen. Butter in einer Pfanne schmelzen und die Ravioli darin schwenken.
Die Erbsen kurz in etwas zerlassener Butter andünsten. Dann die Ravioli auf Teller setzen und die Erbsen dazu anrichten.
Die schwarzen Nüsse in dünne Scheiben schneiden und zu den Ravioli geben. Mit frischen Kräutern ausgarnieren.

Wildsaibling mit Gnocchi und Champignons

(4 Personen)

Zutaten
150 g gewaschene, geputzte und in Stücke geschnittene Champignons
Butter zum Anschwitzen
Salz
weißer Pfeffer aus der Mühle
etwas Obers
etwas Schnittlauch
100 g Wildsaiblingsfilet
Zitronensaft zum Säuern
Öl zum Anbraten
gemischte Kräuter zum Garnieren

Für die Gnocchi
500 g mehlige Erdäpfel
50 g Butter
Muskatnuss
Salz
Pfeffer
1 Ei
75 g Erdäpfelmehl
Mehl zum Stauben des Blechs

Zubereitung

Die Erdäpfel in der Schale kochen, schälen und ausdämpfen, damit möglichst wenig Wasser in ihnen bleibt.
Anschließend sofort durch die Erdäpfelpresse passieren und mit weicher Butter, Muskatnuss, Salz, Pfeffer, Ei und Erdäpfelmehl zu einem Gnocchiteig vermengen.
Teig zu einer Rolle formen, leicht flach drücken, in gleichmäßige Stücke schneiden und mit einer Gabel leicht eindrücken. Die rohen Gnocchi auf einem bemehlten Blech auflegen.
Gnocchi kurz in Salzwasser kochen. Währenddessen die Champignons in etwas Butter anschwitzen, salzen und pfeffern.
Die Gnocchi aus dem Salzwasser heben, zu den Champignons geben, Obers und Schnittlauch unterheben und auf Tellern anrichten.
Den Wildsaibling mit Salz, Pfeffer und Zitronensaft würzen. In einer Pfanne scharf anbraten, auf den Gnocchi drapieren. Mit Kräutern garnieren.

Bachsaibling mit Kalbszunge und grünen Bohnen

(4 Personen)

Zutaten
2 Karotten
1 Gelbe Rübe
1 Stange Lauch
Salz
4 Bachsaiblingsfilets à 150 g
Pfeffer
Mehl zum Mehlieren
Butter und Olivenöl zum Braten
400 g gekochte Kalbszunge
⅛ l Obers
⅛ l Rindsuppe
100 g gemischte Kräuter (Petersilie, Estragon, Kerbel)
50 g Butter
6 cl Nussöl
3 cl Balsamico

Für die Bohnen
200 g grüne Bohnen
Salz
1 Prise Backpulver
Butter zum Schwenken
Pfeffer

Zubereitung

Karotten, Gelbe Rübe und Lauch in Scheibchen schneiden, in Salzwasser bissfest blanchieren, abschrecken und zur Seite stellen.
Die grünen Bohnen in Salzwasser mit dem Backpulver kochen. Danach in Butter schwenken und mit Salz sowie Pfeffer würzen.
Den Bachsaibling würzen, auf der Hautseite mehlieren und in einer Pfanne in heißem Öl braten.
Die gekochte Kalbszunge in 2 mm dünne Scheiben schneiden. Flach auf gewärmten Tellern anrichten.
Obers und Rindsuppe einmal aufkochen, Kräuter und Butter einmixen, mit Salz und Pfeffer abschmecken.
Durch ein feines Sieb passieren und über die auf Tellern angerichtete Kalbszunge nappieren.
Blanchiertes Gemüse trocken tupfen, mit Nussöl, Balsamico, Salz und Pfeffer marinieren und über die Zunge streuen.
Die grünen Bohnen dazu anrichten.

Rosa Rind, rosa Renke

(4 Personen)

Zutaten
4 Rindsfilets (Steaks) à 150–180 g
Salz
Pfeffer
Butter und Öl zum Braten
2 küchenfertige Renken
Saft einer Zitrone
Salz
Pfeffer aus der Mühle

Zubereitung

Die Rindsfilets salzen und pfeffern. In einer Pfanne Butter und Öl erhitzen und die Filets darin rasch auf beiden Seiten anbraten.
In das auf 180 °C vorgeheizte Backrohr stellen und je nach gewünschtem Garungsgrad noch ein paar Minuten garen.
Währenddessen die Renkenfilets mit einem scharfen Messer von der Gräte lösen. Verbliebene Gräten mit einer Fischpinzette herausziehen.
Die Filets mit Zitronensaft beträufeln, mit Salz und Pfeffer würzen.
Butter und Öl in einer großen Pfanne erhitzen.
Die Fischfilets 4–5 Minuten auf der Hautseite braten, umdrehen und 2 Minuten bei milder Hitze fertig garen.
Dazu passt Sauce Hollandaise.

Wildsaiblingssteak mit gebratener Gänseleber und karamellisierten Birnen

(4 Personen)

Zutaten
4 Wildsaiblingssteaks
Salz
Zitronensaft
Pfeffer
Mehl zum Wenden
Öl zum Braten
1 frische Gänseleber (ca. ¼ kg)
Butter zum Braten

Für die Birnen
2 geschälte Birnen
30 g Butter
2 EL Zucker
Salz
Pfeffer

Zubereitung

Den Wildsaibling waschen und trocken tupfen. Mit Salz, Zitronensaft und Pfeffer würzen und in Mehl wenden. In einer Pfanne Öl erhitzen und die Steaks von jeder Seite ca. 5 Minuten braten.
Die Gänseleber parieren und in fingerdicke Scheiben schneiden. Mit Salz und Pfeffer würzen und in Mehl wenden.
In einer Pfanne Öl und Butter erhitzen. Die Gänseleber auf beiden Seiten ca. 2 Minuten braun braten.
Das Kerngehäuse der Birnen entfernen. Dann die Birnen dekorativ zerteilen. Butter in einer Pfanne zerlassen, Zucker einstreuen und karamellisieren. Die Birnen darin schwenken. Mit Salz und Pfeffer würzen.

Flusskrebse mit Blinis und Störkaviar

(4 Personen)

Zutaten
20 Flusskrebse
Salz
1 Bund Dille
Öl zum Braten
Pfeffer
6 TL Störkaviar
etwas Sauce Tatar
gemischte Kräuter zum Garnieren

Für die Blinis
1 großer Erdapfel
50 g Butter
Salz
Pfeffer
Muskatnuss
2 Eier
Olivenöl zum Braten

Zubereitung

Die Flusskrebse in kochendem Salzwasser mit Dille einmal aufkochen und 20 Minuten ziehen lassen. Die ausgelösten Flusskrebse vom Darm befreien, in etwas Öl kurz anbraten, salzen und pfeffern.
Für die Blinis den Erdapfel in der Schale 40 Minuten kochen. Schälen und ca. 5 Minuten im auf 70 °C vorgeheizten Rohr ausdämpfen lassen. Pressen und die Butter hinzufügen.
So lange rühren, bis die Butter sich untergemischt hat. Mit Salz, Pfeffer und Muskatnuss abschmecken.
Die Eier trennen, das Eiweiß zu Schnee schlagen. Dotter unter die Erdäpfelmasse rühren, Schnee unterheben und aus der Masse Taler formen. Diese beidseitig gleichmäßig braun braten.
Die Flusskrebse in die Mitte der Teller setzen. Die Blinis mit Störkaviar belegen und ebenfalls auf den Tellern anrichten.
Sauce Tatar dazugeben. Mit Kräutern garnieren.

Alpenlachs mit Aromaten in Pergament gegart

(4 Personen)

Zutaten
2 Alpenlachse
Salz
Saft einer Zitrone
4 Knoblauchzehen
2 unbehandelte Zitronen
1 Bund Basilikum
2 EL gehackter Thymian
2 EL gehackte Petersilie
1 EL Olivenöl

Zubereitung

Die Fische entlang dem Bauch aufschneiden und ausnehmen. Unter fließendem kaltem Wasser gut ausspülen und auf einem Küchentuch abtrocknen. Außen und innen mit Salz und Zitronensaft würzen.
Den Knoblauch feinblättrig schneiden. Die Zitronen in Scheiben schneiden, die Scheiben halbieren. Die Basilikumblätter grob zupfen.
Die Alpenlachse im Bauchraum mit den Kräutern, dem Knoblauch und den halbierten Zitronenscheiben füllen.
4 Blätter Pergamentpapier mit Olivenöl bepinseln und die Fische einzeln darin verpacken. Die Ränder gut verschließen.
Die eingepackten Alpenlachse auf den Grillrost oder ein Backblech legen und im vorgeheizten Rohr bei 180 °C ca. 15 Minuten garen.

Regenbogenforelle in der Folie

(4 Personen)

Zutaten
4 küchenfertige Regenbogenforellen
Salz
Pfeffer aus der Mühle
etwas Petersilie
4 kleine Stiele Fenchelkraut
4 EL Olivenöl
30 g kalte Butter
4 Knoblauchscheiben
4 unbehandelte Zitronenscheiben
4 Lorbeerblätter
Kapern und frische Kräuter zum Garnieren

Zubereitung

Die Regenbogenforellen innen und außen gut waschen und trocken tupfen. Mit Salz und Pfeffer würzen. Petersilie und Fenchelkraut waschen und trocken tupfen.
Backofen auf 160 °C vorheizen. Je Fisch 1 Bogen Alufolie mit Olivenöl bestreichen und die Butter in Flöckchen darauf verteilen.
Die Forellen mittig auf die Folien legen. Knoblauch, Zitrone, Lorbeer, Petersilie und Fenchelkraut in den Bauchhöhlen verteilen.
Die Folie über den Fischen zusammenfalten und verschließen.
Im Ofen auf mittlerer Schiene ca. 30 Minuten garen. Die Fische sind gar, wenn sich die Rückenflossen leicht herausziehen lassen.
Auf vorgewärmten Tellern anrichten oder in der Folie servieren. Mit Kapern und Kräutern garnieren. Dazu passen Wurzelwerkstreifen und Braterdäpfel.

Wildsaibling in Salzkruste

(4 Personen)

Zutaten
2 Wildsaiblinge
frische gehackte Gartenkräuter
300 g griffiges Mehl
700 g Meersalz
3 Eier

Zubereitung

Die Wildsaiblinge ausnehmen, schuppen und die Kiemen herausschneiden. Die Rücken- und Bauchflossen entfernen.
Die Fische gut waschen, mit einem Tuch trocken tupfen und mit frischen Gartenkräutern füllen.
Für die Salzkruste Mehl und Meersalz in der Küchenmaschine verrühren. Erst dann die Eier dazugeben.
Sollte die Masse noch zu trocken sein, geben Sie etwas Wasser dazu, bis eine feuchte, aber trotzdem stabile Masse entsteht.
Ein Stück Alufolie auf die Größe eines Backbleches zuschneiden und darauf eine 1 cm dicke Schicht Salzmasse geben.
Die Fische daraufsetzen und mit der restlichen Masse zudecken.
Fische kalt stellen, danach bei 220 °C für 20 Minuten ins vorgeheizte Backrohr geben.
Bevor Sie die Fische aus dem Rohr nehmen, sollten Sie eine Nadelprobe machen, damit es zu keiner bösen Überraschung kommt.

Eglifilet in Weinteig mit Rahmgurken

(6 Personen)

Zutaten
6 Eglifilets
Salz
weißer Pfeffer
⅛ l trockener Weißwein
2 Dotter
140 g Mehl
Eischnee von 2 Eiweiß
Öl zum Herausbacken
Limettenscheiben und Dille
zum Garnieren

Für den Gurkensalat
1 geschälte Salatgurke
400 ml Sauerrahm
4 EL Mayonnaise
Zitronensaft
etwas gehackte Dille
Salz
Pfeffer

Zubereitung

Die Eglifilets salzen und pfeffern. Wein, Dotter, Salz und Mehl glatt rühren und den Eischnee unterheben.
Filetstücke durch den Teig ziehen und in heißem Öl ausbacken.
Die Gurke in 2 mm dicke Scheiben und anschließend in feine Streifen schneiden.
Sauerrahm, Mayonnaise, Zitronensaft und Dille verrühren und die Gurkenstreifen unterheben.
Salzen und pfeffern.
Eglifilets mit dem Gurkensalat auf Tellern anrichten, mit Limette und Dille garnieren.

Gebackener Saibling mit Erdäpfel-Mayonnaise-Salat

(4 Personen)

Zutaten
8 Saiblingsfilets à 40 g
Salz
Pfeffer
gehackte Petersilie
Zitronensaft
2 EL Mehl
2 Eier
80 g Semmelbrösel
50 ml Sonnenblumenöl
50 g Butter

Für den Erdäpfel-Mayonnaise-Salat
½ kg Erdäpfel
Salz
1 rote Zwiebel
ca. 2 EL Rindsuppe
Essig
Öl
Pfeffer
2 EL Mayonnaise

Zubereitung

Für den Salat Erdäpfel kochen und schälen. Die klein geschnittene rote Zwiebel mit der heißen Rindsuppe überkochen.
Die Erdäpfel in Scheiben schneiden und noch warm mit Essig, Öl, Salz, Pfeffer sowie der überkochten Zwiebel marinieren (der Salat muss sämig sein). Anschließend die Mayonnaise unterrühren.
Saiblingsfilets mit Salz, Pfeffer, Petersilie und Zitronensaft würzen. In Mehl, danach in verquirlten Eiern wenden. Anschließend mit Semmelbröseln fertig panieren.
Öl und Butter in einer Pfanne erhitzen und die Saiblingsschnitzerl darin von beiden Seiten leicht schwimmend braten.
Als Beilage empfiehlt sich Vogerlsalat mit Kernöldressing.

Lachsforellen-Spinat-Strudel mit Graupengemüse

(6 Personen)

Zutaten
50 g Senfkörner
¼ l Weißwein
150 g Blattspinat
2 Strudelteigblätter
1 Prise Backpulver
Pfeffer
600 g Lachsforellenfilet
Salz
Dijonsenf
1 Ei

Für das Gemüse
100 g Graupen
½ l Rindsuppe
50 g klein geschnittener Lauch
50 g klein geschnittene Karotten
1 EL Butter
Pfeffer
Salz

Zubereitung

Die Graupen in ein Sieb geben und gründlich waschen, bis das Wasser klar bleibt. Anschließend in der Rindsuppe 5 Minuten kochen.
Dann den geschlossenen Topf vom Feuer nehmen und die Graupen 50 Minuten quellen lassen.
Danach wieder in ein Sieb geben, unter laufendem Wasser mehrmals gründlich abspülen und beiseitestellen.
Währenddessen die Senfkörner im Weißwein weich kochen.
Spinatblätter auf den Strudelteig legen, mit Backpulver bestreuen und mit Pfeffer würzen.
Lachsforellenfilet mit Salz und Pfeffer würzen.
Mit Dijonsenf und Senfkörnern einstreichen.
Auf dem Spinat verteilen.
Forellenstrudel eng zusammenrollen, mit Ei bestreichen und bei 140 °C 12 Minuten im Rohr backen.
Gemüse in kochendem Salzwasser blanchieren, eiskalt abschrecken und gut abtropfen lassen.
Butter in einer Pfanne schmelzen, Graupen und Gemüse hineingeben und gründlich vermischen.
Mit Pfeffer und Salz abschmecken.

Fischkroketten mit Sauce Tatar

(6 Personen)

Zutaten
350 ml Fischfond
600 g enthäutetes und
entgrätetes Fischfilet
½ Bund Frühlingszwiebeln
8 EL Olivenöl
100 g Mehl
5 mittelgroße gekochte,
geschälte Erdäpfel
Saft einer halben Zitrone
½ Bund fein gehackte Petersilie
Salz
Pfeffer
Muskatnuss
Olivenöl zum Frittieren

Für die Panier
Mehl
2 verquirlte Eier
Semmelbrösel

Für die Sauce Tatar
1 kleine Zwiebel
2 Essiggurkerl
1 TL Kapern
2 EL gehackte Petersilie
1 EL geschnittener Schnittlauch
1 TL Senf
Salz
Pfeffer
1 Becher Sauerrahm
4 EL Mayonnaise (80 % Fett)

Zubereitung

Den Fischfond in einem großen Topf erhitzen, das Fischfilet darin bei schwacher Hitze etwa 5 Minuten garen. Mit einem Schaumlöffel den Fisch entnehmen, mit einer Gabel zerkleinern, den Fischfond beiseitestellen.
Die fein gehackten Frühlingszwiebeln in Olivenöl dünsten, das Mehl hinzugeben und gut verrühren. Hitze reduzieren, ¼ l Fischfond hinzugeben, weiter rühren bis eine dickflüssige Masse entsteht.
Die Erdäpfel zerstampfen und hinzugeben, ebenso das zerkleinerte Fischfilet, den Zitronensaft und die Petersilie. Mit Salz, Pfeffer und Muskat würzen. Die fertige Masse 2 Stunden kalt stellen.
Aus der Masse Kroketten formen, diese panieren. Eventuell noch einmal kalt stellen.
In einem eisernen Topf (oder einer Fritteuse) Olivenöl auf ca. 170 °C erhitzen (die Kroketten müssen schwimmen können), und die Kroketten portionsweise darin garen. Herausnehmen und etwas abtropfen lassen.
Für die Sauce Tatar die Zwiebel, die Gurkerl und die Kapern feinst hacken, mit den Kräutern, dem Senf und den Gewürzen vermengen. Danach mit Sauerrahm und Mayonnaise glatt rühren.

Zanderstäbchen mit Erdäpfel-Vogerlsalat

(2 Personen)

Zutaten
240 g enthäutetes, grätenfreies Zanderfilet
Salz
Pfeffer
Saft einer Zitrone
etwas gehackte Dille
Mehl zum Panieren
1 Ei
Semmelbrösel zum Panieren
Öl zum Ausbacken

Für den Salat
200 g gekochte, geschälte Erdäpfel
Essig
Öl
Salz
Pfeffer
Zucker
1 Zwiebel
100 g geputzter, gewaschener Vogerlsalat

Zubereitung

Fischfilet in Stäbchen à 40 g schneiden. Mit Salz, Pfeffer und Zitronensaft würzen und mit Dille bestreuen.
Stäbchen in Mehl, verquirltem Ei und anschließend in Semmelbröseln wenden. In heißem Öl goldgelb backen.
Die Erdäpfel lauwarm in Scheiben schneiden, mit Essig und Öl marinieren, salzen, pfeffern, zuckern und mit der fein gehackten Zwiebel vermengen.
Den Vogerlsalat durch eine Essig-Öl-Marinade ziehen und auf den Erdäpfelsalat setzen.
Zanderstäbchen mit dem Erdäpfel-Vogerlsalat servieren.

Störsoufflee mit Chardonnay-Sabayon

(4 Personen)

Zutaten
½ kg enthäutetes, entgrätetes Störfilet
Salz
2 EL Butter
2 EL Mehl
300 ml Milch
3 Dotter
Pfeffer
3 Eiweiß
Butter und Semmelbrösel für die Form
grüner Spargel und Tomaten zum Garnieren

Für das Sabayon
3 Dotter
100 ml Chardonnay
100 g weiche Butter
Salz
Cayennepfeffer
1 Spritzer Zitronensaft

Zubereitung

Das Störfilet in Salzwasser aufkochen. Erkalten lassen und fein hacken.
Aus Butter, Mehl und Milch eine Sauce zubereiten. Dotter und Fisch hinzufügen und verrühren. Mit Salz und Pfeffer abschmecken. Eiweiß steif schlagen und behutsam unterheben.
Die Masse in eine eingefettete und mit Semmelbröseln ausgestreute feuerfeste Form geben und im vorgeheizten Backofen bei 170 °C ca. 30 Minuten backen.
Während der Backzeit Backofen nicht öffnen.
Das Soufflee sofort servieren (nicht kühl stellen).
Für das Sabayon Dotter und Chardonnay in einer Schüssel verquirlen. Die Mischung über einem heißen Wasserbad cremig aufschlagen.
Vom Wasserbad nehmen und nach und nach die weiche Butter unterrühren. Mit Salz, Cayennepfeffer und Zitronensaft abschmecken.
Mit feinen Scheibchen grünem Spargel sowie enthäuteten Tomatenstückchen garnieren.

Krautwickler vom Zander mit Specksauce

(4 Personen)

Zutaten
2 Scheiben Toastbrot
800 g faschiertes Zanderfilet
1 Ei
100 g Obers
1 Handvoll gehackte Salbeiblätter
Salz
Pfeffer
1 Kopf Kraut
¼ l Suppe
Butter zum Montieren

Für die Sauce
eine halbe würfelig geschnittene Zwiebel
40 g würfelig geschnittener Speck
20 g Butter
100 ml Rotwein
100 ml Jus
100 ml Fischfond
evt. etwas Speisestärke zum Binden
Salz
Pfeffer

Zubereitung

Toastbrot in Wasser einweichen, ausdrücken und mit faschiertem Zanderfilet, Ei, Obers, Salbei und Gewürzen mischen.
Den Krautkopf in einzelne Blätter teilen und die dicken Strünke entfernen. Mit den Krautblättern 8 Quadrate von 10 x 10 cm legen, die faschierte Masse darauf verteilen und Rouladen formen.
Krautrouladen in einen flachen Topf einsetzen, mit Suppe untergießen und bei 200 °C im Rohr ca. 20 Minuten garen.
Rouladen aus dem Topf nehmen und warm halten. Fond aufkochen, mit Butter montieren und abschmecken.
Für die Sauce Zwiebel- und Speckwürfel in Butter anschwitzen, mit Rotwein ablöschen und mit dem Jus und dem Fond auffüllen.
Auf die Hälfte einkochen, bei Bedarf mit Stärke binden, mit Salz und Pfeffer abschmecken.

Überbackene Hechtmedaillons in Rote-Rüben-Sauce

(4 Personen)

Zutaten
8 Hechtmedaillons
Salz
Pfeffer
Zitronensaft
Öl zum Braten

Für die Rosmarinmasse
3 EL Semmelbrösel
1 Ei
Salz
Pfeffer
3 EL gehackter Rosmarin

Für die Sauce
3 große Rote Rüben
2 Schalotten
20 ml Olivenöl
1 Messerspitze Kümmel
1 Knoblauchzehe
½ l Gemüsebouillon
10 ml Essig
Salz
Pfeffer

Zubereitung

Für die Rosmarinmasse alle Zutaten zusammenmengen, bis eine kompakte Masse entsteht.
Rote Rüben und Schalotten schälen, in kleine Würfel schneiden. In einem großen Topf Öl erhitzen, Kümmel, Schalotten und Knoblauch glasig dünsten.
Die Roten Rüben 1 Minute mitdünsten, Gemüsebouillon und Essig aufgießen, ca. 1 Stunde köcheln lassen, bis die Rüben weich sind. Mit Salz und Pfeffer abschmecken.
Die Hechtmedaillons salzen, pfeffern und mit Zitronensaft säuern. In einer Pfanne in etwas heißem Öl 3–4 Minuten braten.
Rosmarinmasse auf die Medaillons verteilen und gratinieren. Mit der Rote-Rüben-Sauce anrichten.

Zander in Erdäpfelkruste

(4 Personen)

Zutaten
300 g mehlige Erdäpfel
4 Zanderfilets à 120 g
Salz
Pfeffer
90 g Butter
1 Knoblauchzehe
Thymian

Für die Safransauce
300 ml Fischfond
1 Prise Safran
50 g Butter
etwas Zitronensaft
Salz
Pfeffer

Für die Fischfarce
1 enthäutetes, entgrätetes
Zanderfilet (120 g)
80 ml Obers
Salz
Pfeffer

Für das Paradeisconcassée
300 g Paradeiser
1 Knoblauchzehe
Thymian
1 Prise fein gehackte Chilischote
3 EL Olivenöl

Zubereitung

Die Erdäpfel schälen und in 1 mm dünne Scheiben schneiden. Mit einem runden Ausstecher (2 cm Ø) Scheiben ausstechen.
Die Fischfilets mit Salz und Pfeffer würzen.
Für das Concassée die Paradeiser kurz in kochendes Wasser geben, enthäuten und in kleine Würfel schneiden.
Für die Farce das Fischfilet mit dem Obers in einem Küchenmixer (oder Cutter) fein pürieren, mit Salz und Pfeffer abschmecken.
Farce auf die Fischfilets streichen und Erdäpfelscheiben darauflegen.
Die 90 g Butter in eine Pfanne geben und bei mittlerer Hitze etwas braun werden lassen.
Fischfilets so in die Pfanne geben, dass die Erdäpfelschicht unten ist. Knoblauch im Ganzen und Thymian dazugeben.
Filets bei mittlerer Hitze braten, bis die Erdäpfel goldgelb sind. In der Pfanne wenden und 5 Minuten bei 160 Grad ins Rohr geben.
Für das Concassée die klein geschnittene Knoblauchzehe, den klein gehackten Thymian und das Chili in Olivenöl erhitzen, die Paradeiswürfel dazugeben.
In der Pfanne schmoren lassen, bis kein Saft mehr übrig ist. Anschließend aus der Masse kleine Nockerl formen.
Den Fischfond mit Safran reduzieren und mit kalten Butterstücken montieren. Mit Zitronensaft, Salz und Pfeffer abschmecken.
Die Fischfilets mit den Concasséenockerln anrichten und die Safransauce dazu reichen.

Gratinierter Wildsaibling mit Mangold

(2 Personen)

Zutaten
300 g Wildsaiblingsfilet
Salz
weißer Pfeffer
1/16 l Weißwein
1/16 l Hühnersuppe
8 EL Obers
1 TL Butter
1 gestrichener EL Mehl
100 g Mangold
½ TL Butter
1 zerdrückte Knoblauchzehe
Butter für die Gratinform

Zubereitung

Die Wildsaiblingsfilets waschen, trocken tupfen und mit Salz und Pfeffer würzen.
Weißwein aufkochen, Hühnersuppe zugießen und nochmals aufkochen.
Obers zufügen und kurz köcheln lassen. Butter und Mehl mit einer Gabel verrühren und die Sauce damit binden. Salzen und pfeffern.
Mangold in kochendem Salzwasser überbrühen, abschrecken und in Butter durchschwenken. Mit Salz und Pfeffer sowie Knoblauch würzen.
In eine eingefettete Auflaufform zuerst den Mangold, dann die Saiblingsfilets einlegen. Mit der Sauce überziehen und bei 220 °C goldbraun backen.

Zanderknödel mit Zwiebelsauce

(4 Personen)

Zutaten

Für den Erdäpfelteig
300 g mehlige Erdäpfel
Salz
1 nussgroßes Stück Butter
100 g griffiges Mehl
30 g Grieß
1 Ei

Für die Zanderfülle
250 g enthäutetes, grätenfreies Zanderfilet
Schmalz zum Anbraten
1 fein gehackte Zwiebel
Salz
Pfeffer
etwas fein gehackter Knoblauch

Für die Sauce
4 in kleine Würfel oder feine Scheiben geschnittene Zwiebeln
20 g Butter
¼ l Gemüsebrühe
2 EL Essig
1 Prise Zucker
2 EL Obers
Cayennepfeffer
Salz

Zubereitung

Die Erdäpfel in reichlich Salzwasser weich kochen, schälen und passieren. Mit zerlassener Butter, Mehl, Grieß und Ei zu einem glatten Teig verarbeiten.
Das Zanderfilet grob hacken, in Schmalz anbraten. Gehackte Zwiebel beifügen und mitrösten. Salzen, pfeffern und mit Knoblauch abschmecken.
Die Masse auskühlen lassen. Mit den Händen kleine Knödel formen, nochmals kühl stellen.
Die Zanderknöderl in Kartoffelteig einschlagen und mit den Handflächen zu glatten Knödeln drehen.
In kochendes Salzwasser einlegen und kochen, bis die Knödel an der Oberfläche schwimmen (ca. 8 Minuten). Achtung, nicht zu stark kochen!
Fertige Knödel mit einem Schaumlöffel vorsichtig aus dem Wasser heben und auf vorgewärmte Teller setzen.
Für die Sauce die Zwiebeln in Butter weich dünsten. Mit Gemüsebrühe ablöschen, Essig und Zucker zugeben und mindestens 5 Minuten durchkochen, bis die Zwiebeln weich sind.
Das Obers unterrühren und die Sauce abschließend mit Cayennepfeffer und Salz abschmecken.
Die Sauce zu den Zanderknödeln reichen.

Fischfondue mit pikanten Saucen

(4 Personen)

Zutaten

Für das Fischfondue
400 g in mundgerechte Stücke zerteilte Fischfilets nach Geschmack
Zitronensaft zum Säuern
ca. 1 l Sonnenblumenöl oder kräftige klare Suppe für das Fondueset

Für die Sauce Ajoli
2 Dotter
1 EL Balsamico
¼ l Olivenöl
4–5 gehackte Knoblauchzehen
Salz
weißer Pfeffer aus der Mühle
Saft einer halben Zitrone
1–2 EL Sauerrahm nach Geschmack

Für die scharfe Chilisauce
4 EL Tomatenketchup
3 EL Sauerrahm
Worcestershiresauce
Tabasco
1 fein gehackte Chilischote
scharfes Paprikapulver
Zucker
Curry

Zubereitung

Für die Sauce Ajoli die Dotter mit dem Balsamico verrühren und mit einem Stabmixer oder im Mixglas aufmixen.
Das Olivenöl langsam einlaufen lassen, die Mischung sollte die Konsistenz einer Mayonnaise haben.
Zum Schluss den Knoblauch mitmixen und, wenn nötig, nochmals abschmecken. Den Zitronensaft nach und nach beigeben.
Um die Sauce etwas leichter zu machen, kann man Sauerrahm unterrühren.
Für die Chilisauce den Tomatenketchup mit dem Sauerrahm verrühren.
Mit Worcestershiresauce, Tabasco, gehackter Chilischote, scharfem Paprika, Zucker und Curry je nach Geschmack würzen.
Die Fischfilets leicht mit Zitronensaft beträufeln und auf einer Platte dekorativ arrangieren.
Öl (oder Suppe) in den Fonduetopf gießen und am besten auf dem Herd stark erhitzen. Anschließend den Topf vorsichtig auf das Rechaud stellen.
Die Fischstücke auf Fonduegabeln spießen und in der heißen Flüssigkeit garen. Die pikanten Saucen zum Fisch reichen.
Dazu passen frisches Baguette und gemischte Salate.

Aal am Spieß mit schwarzen Nüssen

(4 Personen)

Zutaten
1 Aal (ca. 1 kg)
2 Bitterorangen (oder 1 Zitrone und 1 normale Orange)
2 EL Olivenöl
1 EL gemahlene Fenchelblüten
1 EL Balsamessig
Pfeffer
Salz
einige Salbeiblätter

Für die schwarzen Nüsse
1 kg grüne Walnüsse
1 kg Zucker
5 Zimtstangen
1 Vanilleschote
6 Zitronen
1 EL Gewürznelken

Zubereitung

Aalspieße
Den enthäuteten Aal in 5–6 cm dicke Stücke schneiden. Gut abwaschen und zur Mittelgräte hin gründlich reinigen. Jedes Stück gut abtrocknen.
Bitterorangen (oder Zitrusfrüchte) auspressen. Olivenöl, gemahlene Fenchelblüten, Balsamessig, Pfeffer, Salz und die Hälfte des Fruchtsafts in eine Schüssel geben. Den Aal darin 30 Minuten marinieren.
Abwechselnd je ein Aalstück und ein Salbeiblatt aufspießen. Restlichen Fruchtsaft zur Marinade geben und aufbewahren.
Aalspieße vorsichtig grillen, dabei regelmäßig umdrehen und während des Garens mit Marinade bestreichen.
Die Aalstücke mit in Scheiben geschnittenen schwarzen Nüssen anrichten.
Dazu passen Braterdäpfel und Paprikasauce.

Schwarze Nüsse
Die Nüsse 8–10-mal bis in die Mitte einstechen, in einen Topf geben, mit 1 l kaltem Wasser bedecken und 5 Tage lang 2-mal täglich neu wässern.
Den Zucker leicht karamellisieren, mit Wasser ablöschen und aufkochen, bis er sich auflöst.
Die übrigen Zutaten hinzufügen. Die gewässerten Nüsse hineingeben und über Nacht erkalten lassen. Am nächsten Tag nochmals aufkochen, 15 Minuten ziehen lassen und abseihen.
Die Nüsse in geeignete Gläser geben, die Marinade einkochen lassen und heiß über die Nüsse gießen. Gläser sofort verschließen. Nach 6 Monaten sind die Nüsse genussreif.

Steckerlfisch vom Fellchen mit Erdäpfel-Gurken-Salat

(6 Personen)

Zutaten
500 g Fellchenfilet
Salz
Pfeffer
Zitronensaft
Olivenöl zum Einstreichen
Dille- oder Thymianzweige nach Geschmack

Für den Erdäpfelsalat
500 g festkochende Erdäpfel
Salz
4 cl Essig
1 TL Senf
Salz
Pfeffer
1 Prise Staubzucker
1/16 l Rindsuppe
100 g fein gewürfelte rote Zwiebel
75 ml Sonnenblumenöl

Für den Gurkensalat
1 geschälte Salatgurke
Salz
1 EL Mayonnaise
2 EL Sauerrahm
1 Messerspitze Dijonsenf
1 EL Dille
Cayennepfeffer
Saft einer halben Zitrone

Zubereitung

Die Erdäpfel in der Schale in Salzwasser weich kochen. Herausnehmen, etwas ausdämpfen lassen und schälen. In Scheiben schneiden.
Essig mit 1/8 l Wasser, Senf, Salz, Pfeffer, Staubzucker und heißer Rindsuppe verrühren und über die Erdäpfel gießen.
Die Zwiebel ebenfalls zu den Erdäpfeln geben.
Zum Schluss das Öl hinzufügen und vorsichtig verrühren. Abschmecken und ziehen lassen.
Die Gurke in Stücke schneiden. Leicht salzen und abtropfen lassen.
Mayonnaise, Sauerrahm und Senf aufmixen. Das Dressing mit der fein gehackten Dille unter die Gurken heben und mit Salz, Cayennepfeffer und Zitronensaft abschmecken.
Vom Fellchenfilet die Haut abziehen. Fischfleisch in 6 Stücke teilen. Die Fischfilets mit Salz, Pfeffer und Zitronensaft würzen. Mit einem Holzspieß längs durchstechen.
Alufolie mit etwas Olivenöl bestreichen und auf den Grill legen. Die Fische darauf beidseitig grillen. Man kann auch zusätzlich noch einen Dille- oder Rosmarinzweig beilegen.
Erdäpfel-Gurken-Salat anrichten. Steckerlfisch daraufsetzen.

Grillfische mit sommerlichen Salaten und Dips

Alpenlachsschnitte vom Grill

(6 Personen)

Zutaten

6 Alpenlachsschnitten à 120 g
Salz
Pfeffer aus der Mühle
1 Limette
1 Zitrone
3 EL Olivenöl
1 Bund fein gehackte Dille

Zubereitung

Die Alpenlachsschnitten auf ein Blech legen und mit Salz und Pfeffer würzen.
Limetten- und Zitronenschale darüberreißen, mit Olivenöl und Dille marinieren und kühl stellen.
Beim Grillen mit Zitronen- und Limettensaft säuern.

Im Ganzen gegrillter Wildsaibling mit Paprika-Zucchini-Gemüse

(6 Personen)

Zutaten
2 Wildsaiblinge
Salz
Pfeffer aus der Mühle
1 Limette
1 Zitrone
3 EL Olivenöl

Für das Paprika-Zucchini-Gemüse
2 kleine Zucchini
1 rote Paprikaschote
1 geviertelte gelbe Paprikaschote
etwas Olivenöl
2 gehackte Schalotten
1 Knoblauchzehe
1 Schuss Weißwein
Salz
Pfeffer
Muskatnuss
Butter zum Montieren

Zubereitung

Die Wildsaiblinge auf ein Blech legen und mit Salz und Pfeffer würzen. Limetten- und Zitronenschale darüberreißen, mit Olivenöl marinieren und kühl stellen.
Beim Grillen mit Zitronensaft säuern.
Das Gemüse in dünne Scheiben schneiden.
Olivenöl in einer Pfanne erhitzen, Schalotten, Knoblauch und Gemüse glasig anschwitzen, mit etwas Wein beträufeln, würzen und mit Butter aufmontieren.

Grillspieß

Zutaten
12 ausgelöste Flusskrebse
Salz
Pfeffer
1 Melanzani
1 Zucchini
etwas Olivenöl
Muskatnuss
gemischte frische Kräuter
250 g würfelig geschnittenes Zanderfilet
Zitrone zum Abschmecken

Zubereitung

Krebsfleisch gut würzen und kühl stellen.
Melanzani und Zucchini zerteilen, einsalzen und mit Olivenöl, Pfeffer, Muskatnuss und Kräutern würzen.
Danach mit Melanzanistücken beginnend Gemüse abwechselnd mit den Flusskrebsen und dem Zanderfilet auf Spieße stecken.
In Alufolie langsam grillen, bis das Fruchtfleisch weich ist. Mit Zitronensaft abschmecken.

Salat mit Sommerkräutern und Avocado

Zutaten

1 grüner Salat
1 Friséesalat
etwas Vogerlsalat
Sommerkräuter nach Belieben
(z. B. Löwenzahn, Kerbel, Brunnenkresse, Brennnessel)
Olivenöl
Salz
weißer Pfeffer aus der Mühle
Balsamico
Zucker
3 vollreife Avocados
1 EL Limettensaft

Zubereitung

Den Salat und die Kräuter putzen, waschen und in mundgerechte Stücke schneiden.
Für die Marinade alle restlichen Zutaten bis auf die Avocado und den Limettensaft gut verrühren und abschmecken.
Die Avocado schälen und in 3 mm dicke Scheiben schneiden. Mit Limettensaft, Salz, Pfeffer und Olivenöl marinieren.
Salat marinieren und mit den Acovadoscheiben anrichten.

Erdäpfel-Mozzarella-Salat

Zutaten

5-6 Erdäpfel
3 Stück Mozzarella
einige Kirschparadeiser
1 Handvoll Vogerlsalat
Saft einer halben Zitrone
1 TL Honig
Kernöl
Meersalz
Basilikum

Zubereitung

Die noch heißen gekochten und geschälten Erdäpfel in Scheiben schneiden.
Den klein geschnittenen Mozzarella darunterheben, solange die Erdäpfel noch heiß sind.
Halbierte Kirschparadeiser und geputztenVogerlsalat untermischen.
Den Zitronensaft mit dem Honig verrühren, das Kernöl einrühren. Die Mischung über den Salat gießen.
Abschließend den Salat mit etwas Meersalz und Basilikum würzen.

Blattsalat mit Eierschwammerln und gemischten Kräutern

Zutaten

Butter zum Anrösten
2 gehackte Knoblauchzehen
3 fein gehackte Schalotten
300 g geputzte Eierschwammerl
Salz
Pfeffer
Muskatnuss
1 Bund gehackte Petersilie
1 Bund gehackter Liebstöckel
120 g gemischte, geputzte Blattsalate
gemischte, gezupfte Kräuter
Olivenöl
Nussöl
Balsamico
Vanillezucker

Zubereitung

Die Butter in einer Pfanne erhitzen, Knoblauch, Schalotten und Eierschwammerl darin schwenken und anrösten.
Mit Salz, Pfeffer und Muskatnuss würzen und die Petersilie und den Liebstöckel daruntermengen.
Den Blattsalat und die Kräuter marinieren und gut abschmecken.
Salat portionsweise oder in einer Schüssel fürs Buffet dekorativ anrichten und mit Eierschwammerln toppen.

Bohnen-Paradeiser-Salat

Zutaten

100 g grüne Bohnen
200 g geschälte Paradeiser im eigenen Saft
4 Paradeiser
1 Zwiebel
etwas Olivenöl
2 Knoblauchzehen
Salz
Pfeffer
Balsamico
200 g gekochte weiße Bohnen
200 g gekochte schwarze Bohnen
frische Kräuter für den Salat und zum Garnieren

Zubereitung

Die grünen Bohnen beliebig schneiden.
Die geschälten Paradeiser mit Saft pürieren.
Aus den 4 ganzen Paradeisern Concassée herstellen.
Zwiebel hacken und in Olivenöl mit Knoblauch anschwitzen.
Grüne Bohnen beigeben, würzen und mit den pürierten Paradeisern und Balsamico ablöschen.
Zum Schluss die restlichen Bohnen, Kräuter und das Paradeisconcassée unterrühren und nochmals abschmecken.
In einer Schüssel mit frischen Kräutern anrichten.

Schnittlauchdip

Zutaten
1 Becher Sauerrahm
2 EL Mayonnaise
Salz
Pfeffer
Zitronensaft
1 Bund fein geschnittener Schnittlauch
1 EL Essig

Zubereitung

Alle Zutaten gut verrühren und abschmecken.

Paprikadip

Zutaten
1 Becher Sauerrahm
8 EL Mayonnaise
Salz
Pfeffer
Zitronensaft
je 1 sehr fein gehackter roter, gelber, grüner Paprika
3 sehr fein gehackte Schalotten
4 EL Ketchup
Cayennepfeffer
Tabasco
1 EL Essig

Zubereitung

Alle Zutaten gut verrühren und abschmecken.

Currydip

Zutaten
1 Becher Sauerrahm
6 EL Mayonnaise
Salz
Pfeffer
Zitronensaft
Curry
1 EL Essig
3–4 Spritzer Worcestershiresauce

Zubereitung

Alle Zutaten gut verrühren und abschmecken.

Cocktailsauce

Zutaten
2 EL Sauerrahm
2 EL Ketchup
2 EL Mayonnaise
1 cl Weinbrand
1 TL frisch gerissener Kren
1 Schuss Essig
Salz
Pfeffer

Zubereitung

Alle Zutaten gut verrühren und abschmecken.

Honig-Senf-Sauce

Zutaten
¼ l Sauerrahm
3 EL Dijonsenf
1 EL Honig
½ Bund gehackte Dille
Salz
weißer Pfeffer aus der Mühle

Zubereitung

Den Sauerrahm mit dem Senf und dem Honig verrühren. Dille untermischen.
Mit Salz und Pfeffer abschmecken.

NOVOTEL

Österreichisch-deutsches Lexikon der Küchenbegriffe

Aalrutte	Quappe, Quappaal
Abpressen	Flüssigkeit herauspressen
Abseihen	Abgießen, durch ein Sieb gießen
Ausbacken	Frittieren
Backerl	Wange, Backe
Backrohr	Herd
Bauchspeck	Geräucherter Schweinebauch
Beigeben	Hinzufügen
Beinschinken	Geräucherter, gekochter Knochenschinken, eine österreichische Spezialität; alternativ verwenden Sie saftigen Kochschinken.
Bestauben	S. → stauben
Beuschel	Lunge; auch Name eines Gerichts mit Lunge und Herz; unter Fischbeuschel versteht man Rogen und Milchner.
Brösel	Abkürzung für → Semmelbrösel; generell auch Bezeichnung für getrocknete, geriebene Backwaren
Dille	Dill
Dotter	Eigelb
Durchzogen	Durchwachsen
Eierschwammerl	Pfifferlinge
Erdapfel	Kartoffel
Essiggurkerl	Saure Gurke
Estragonsenf	In Österreich der gebräuchlichste mittelscharfe Senf
Faschieren	Durch einen Fleischwolf drehen
Fisole	Grüne Bohne
Frühlingszwiebel	Jungzwiebel
Fülle	Füllung
Gelbe Rübe	Während man in Teilen Deutschlands „Gelbe Rübe" als Synonym für → Karotte verwendet, bezeichnet dieser Ausdruck in Österreich eine in Deutschland kaum bekannte, gelbe Rübenart, die üblicherweise Teil von Suppengemüse-Mischungen ist.
Gerissen	Gerieben
Glattes Mehl	Das Standard-Mehl in Österreich; s. auch → griffiges Mehl
Griffiges Mehl	Die Ausmahlgrade von Mehl sind in Österreich und Deutschland unterschiedlich; „griffiges Mehl" bezeichnet etwas gröber vermahlenes Mehl, das v. a. für Klöße und Kartoffelteig verwendet wird und am ehesten mit Dunstmehl vergleichbar ist.
Grüner Veltliner	Trockener österreichischer Weißwein

Herausbacken	S. → ausbacken
Hesperidenessig	Markenname eines in Österreich häufig verwendeten 7,5%igen Essigs aus 87% Weingeistessig, 10% Weinessig und Apfelsaftkonzentrat
Hühnersuppe (Zutat)	Klare Hühnerbrühe
Kaiserfleisch	Geräucherter Schweinebauch
Karotte	Möhre, Mohrrübe
Kernöl	Kürbiskernöl
Kipfler	Festkochende, eher kleine, längliche Kartoffeln
Knödel	Kloß
Kraut	Weißkohl
Krautfleisch	Eintopf, üblicherweise mit Sauerkraut und Fleisch
Krautwickler	Kohlrouladen
Krebsenfond	Krebsfond
Kren	Meerrettich
Laibchen	Frikadelle, Boulette
Leeren	Geben, gießen
Marille	Aprikose
Melanzani	Aubergine
Nocke	S. → Nockerl
Nockerl	Typischerweise mit einem Löffel aus einer weichen Masse ausgestochene Form; Diminuitiv von → Nocke
Obers	Abkürzung von → Schlagobers
Panier	Panade
Paprizieren	Mit Paprikapulver würzen
Paradeiser	Tomate
Paradeismark	Tomatenmark
Petersil	Petersilie
Petersilerdäpfel	Salzkartoffeln mit Petersilie
Putzen	Ungenießbare Teile entfernen
Rahm	Abkürzung von → Sauerrahm
Rasten lassen	Ruhen lassen
Reinanke	Rheinanke
Reißen	Reiben
Rindsfilet	Rinderfilet
Rindsuppe (Zutat)	Klare Rinderbrühe
Rohr	Abkürzung von → Backrohr
Rote Rüben	Rote Bete
Sämig	Cremig, dickflüssig; in Österreich v. a. für Suppen, Saucen und Marinaden gern verwendeter Begriff
Sauce Tatar	Mayonnaisesauce mit sehr klein geschnittenen sauren Gurken, Kapern, Zwiebeln und Kräutern
Sauerrahm	Saure Sahne

Schlagobers	Schlagsahne
Schöpflöffel	Suppenkelle
Seihen	S.→ abseihen
Semmel	Brötchen, Schrippe
Semmelbrösel	Paniermehl; alternativ können Sie getrocknetes, fein geriebenes Weißbrot (oder Brötchen) verwenden.
Stauben	Stäuben
Staubzucker	Puderzucker
Staudensellerie	Stangensellerie
Steckerlfisch	Klassische Zubereitungsart für im Ganzen über offenem Feuer gegrillte Fische („Steckerl" = „kleiner Stock", „Spieß"); im übertragenen Sinne als Bezeichnung für Fisch-Spieße verwendbar
Sulz	Sülze
Suppe (Zutat)	Klare Brühe
Teigreis	Kleine, durch ein grobes Sieb gestrichene Spätzle/Knöpfle
Überkochen	Überbrühen
Überkühlen	Ein wenig abkühlen lassen
Veltliner	Abkürzung für → Grüner Veltliner
Verschlagen	Verquirlen
Versprudeln	Verquirlen
Vogerlsalat	Rapunzelsalat
Weichen	Einweichen
Wurzelgemüse	S.→ Wurzelwerk
Wurzelspeck	Kräftig gewürzter (u. a. mit Knoblauch), durchwachsener, geräucherter Schweinespeck
Wurzelwerk	Suppengemüse
Zesten	Schmale, dünne Streifen; meist sind Streifen der Schale von Zitrusfrüchten gemeint.
Zuputzen	S. → putzen
Zustellen	Aufstellen

Rezeptregister

Der herzliche Dank der Autoren gilt:
Eva, Antonia, Johanna und Theresia Mörwald
sowie der gesamten Familie Mörwald
den Mitarbeitern und Mitarbeiterinnen in Küche,
Service und Office
Peter Coeln
dem Österreichischen Fischereiverband (ÖFV)
dem Fischexperten und Fotografen Wolfgang Hauer
der Soravia Food Market GmbH
Alexander Quester
Walter Grüll
der unermüdlichen Lektorin Else Rieger
sowie allen anderen, die am Zustandekommen
dieses Buches beteiligt waren

Der Verlag dankt der Soravia Food Market GmbH
für die Möglichkeit, die Fischabbildungen (Seite
36–54) verwenden zu dürfen.

„Da bekommt jeder Lust auf knackiges Gemüse!“ BRIGITTE

Gemüse macht die Küche bunt. Nichts lässt sich so problemlos kombinieren, nichts bringt so viel Abwechslung wie Gemüse. Nach Jahreszeiten gegliedert, macht Andrea Karrer in ihrem neuen, umfassenden Kochbuch Lust, alte Bekannte völlig neu in Szene zu setzen. Kreative Vorspeisen, neue Salatideen, schnelle Suppen umrahmen die Fleisch- und Fischkombinationen. Außerdem lassen sich auch mit Gemüse raffinierte Nachspeisen zaubern. 500 schnelle, raffinierte und neue Rezepte – ein Standardwerk für jede Küche!

Andrea Karrer
Die frische Küche
Gemüse passt immer, auch zu Fleisch & Fisch
Fotos von Luzia Ellert
ISBN 978 3 7017 3083 4

„Ein unkonventionelles Porträt einer Landschaft und ihrer Menschen.“ DER STANDARD

Seit jeher versteht man es im Bregenzerwald, Tradition und Moderne zu verbinden. Dies gilt inzwischen vor allem auch für die Gastlichkeit und die Küche dieser Region. Marielle Moosmann begibt sich auf eine Reise durch den Bregenzerwald und besucht Restaurants, Gasthäuser und Hotels, die die hohe Kunst der Gastlichkeit pflegen. Mit ihr reisen der Schriftsteller und Gastrosoph Kurt Bracharz und der Fotograf Adolf Bereuter. Ihre abwechslungsreiche Reise brachte so manche überraschenden Begegnungen auch abseits der kulinarischen Genüsse.

Marielle Moosmann
Kurt Bracharz
Fotos von Adolf Bereuter
Min Wauld
Menschen, Küchen und Rezepte im Bregenzerwald
ISBN 978 3 7017 3182 4

Toni Mörwald
Christoph Wagner
Die süße Küche
Das österreichische Mehlspeis-kochbuch
Fotos von Ulrike Köb
ISBN 978 3 7017 3165 7

„Da schnurren die Naschkatzen." Wolfram Siebeck

Die „Mehlspeis" ist die Krönung jeder Mahlzeit und im „süßen Österreich" oft noch wichtiger als die Hauptspeise. Das alte Sprichwort, dass die Liebe durch den Magen geht, wird nirgendwo so wahr wie bei Torten, Kuchen, Strudeln, Obstknödeln & Co.

„Die süße Küche" von Toni Mörwald und Christoph Wagner will zum Backen und Genießen all dieser Köstlichkeiten verführen. Dieses Grundkochbuch für Naschkatzen und Schleckermäuler lässt keine „süße Frage" der traditionellen altösterreichischen wie auch der zeitgemäß-ernährungsbewussten Dessertküche unbeantwortet und darf daher in keinem Haushalt fehlen.

In der „süßen Küche" servieren Ihnen Toni Mörwald und Christoph Wagner:

- 500 verführerische Rezepte aus der Profi-Backstube, allgemein verständlich und leicht nachkochbar
- Tipps & Tricks für Hobby-Patissiers
- Anregungen für gesunde Vollwert-Mehlspeisen
- Pralinen und Konfekt zum Selbermachen
- Eisgekühlte Verlockungen
- Feine Desserts aus Obst und Beeren
- Extra: Das süße ABC – Grundbegriffe der süßen Küche von A bis Z

www.residenzverlag.at